普通人可走的財務自由之路

讓投資房成為搖錢樹
山中 明月

普通人可走的财务自由之路

- 让投资房成为摇钱树

山中明月 著

The Road to Financial Freedom

All rights reserved. Printed in the United States of America. No part of this book may be used or reproduced in any manner whatsoever without permission except in the case of brief quotations embodied in critical articles and reviews. For information, contact the author via email: kevin97.zhuang@gmail.com.

序言	6
开篇词	**7**
幸福的人生需要财务自由	7
写这本书的目的	8
本书的内容脉络	10
致谢	11
关于财务自由的误区	**12**
误区之一：有份好工作，就无忧财务自由吗？	12
误区之二：多存钱就可以早点财务自由吗？	13
误区之三：高薪人士就可以早点退休吗？	14
误区之四：你引以为豪的资产，其实是负债	15
误区之五：让你担惊受怕的负债，其实是资产	16
误区之六："理财"就是"投资"，"投资"就是"买股票"吗？	18
迈向财务自由的路	**20**
财务自由的标准	20
被动收入的重要性	21
最稳妥的财务自由之路	21
自己的几个房产投资故事	23
投资房：实现财务自由的终南捷径	**27**
投资房：普通人的财务自由道路	27
天时：大通胀的时代	27
地利：美国的房地产是优质资产	29
人和：华人特别适合投资房产	30
每一套投资房都是一棵摇钱树	**31**
投资房的多种回报	32
购买第一套投资房	**36**
位置，位置，位置	36
现金流和增值，哪个更重要？	39
房屋贷款的申请	41

投资房的贷款条款选择	42
影响贷款利率的因素（如何判断利率高低）	43
Bankrate.com	43
房地美Primary Mortgage Market Survey (PMMS)	44
利率和费用的调整因素	44
经纪人的作用	46
房屋过户的过程	46

维护和打理投资房   49

房屋保险	49
房屋的地税	50
房屋的HOA	51
房屋的维修	52
招租和房客管理	54

从1套到10套，再到10+套投资房   57

为什么需要多套投资房？	57
从一套到多套的BRRRR操作	58
10套投资房是个门槛	61
投资房的分散投资	62

投资房的出售   64

卖房的时机选择	64
房子的梳妆打扮	65
卖房经纪和决定买家	66
卖房后的报税	68

房产投资和理财的理念   70

房价增长和房租增长的关系	70
经营投资房要有耐心，尽量长期持有	71
要想富，多贷款	72
不断学习，持续进步	72

房地产投资的进阶篇   74

地主的责任保护伞：伞险	74

地主的储备金预备	75
烂房客的驱逐	76
房地产管理的不同境界	**79**
通货膨胀不允许我们"躺平"	80

自己的投资案例和感想   **82**

自己的一个不成功的商业地产投资案例	82
"我们的队伍向太阳"：我的2021年投资总结	83
如何预测房价的走势（2022年1月的预测）	86
何时买房？其实不必Time Market和预测房市	88

房地产的典故和趣事   **91**

和房地产有关的古人	91
房地产的笑话	92
房地产的牛人	95
房地产界的名言警句	95

财务自由之后：个人价值的追求   **98**

智商、情商和财商	98
财务自由后的新目标	98
不忘初心，且行且珍惜	99

序言

你厌倦朝九晚五的上班生活吗？
你有没有做过财务自由的梦，可以不需要为了赚钱而上班？
你知道普通人也可以实现这个梦，而且没有那么艰难吗？
这条财务自由之路，已经被无数的普通人成功走过。
财务投资的世界里，有无数的牛人大咖；但他们的道路和模式，让人高山仰止，我们普通人根本学不了。而我，一个正在行路的人，分享的东西，你会看得懂，学得会。
从自己的多年亲身经历和其他很多华人朋友的经验，我相信优质的投资房，以获得稳定且不断增长的被动收入，是易学易做的财务自由捷径。相对于股票等投资方式，投资房看得见摸得着，而且有丰厚的回报。
一套投资房，可能表面的年回报率只有1.4%，但是它的真实的年回报率其实可以达到28.7%，而且会逐年增加到35.7%，到443%，甚至到无限大。你知道为什么吗？
通过购买投资房实现财务自由，理论上可行，但还需要实践。在美国买房是个复杂的过程，购买房子的过程需要各方面的知识和经验。
如何购买第一套投资房？什么样的投资房值得购买？如何维护和打理投资房？如何从1套投资房到10套，快速购买多套投资房？何时出售投资房？从古到今，房地产有哪些典故和趣事？财务自由之后该做什么？本书都有讨论。
希望这本书能帮你早日实现财务自由之梦，去追求真正的人生价值。
补充说明：房地产的相关知识（比如税务/贷款）也一直在变化；我会不断地充实更新这本电子书。

开篇词

幸福的人生需要财务自由

普通人生活的目的是什么呢？很简单，为了幸福。
只有四个字的简单回答，却包含着透彻的真理。美国的《独立宣言》中也说，人人有追求生命，自由，和幸福的权利。
那怎样才算幸福呢？人生境界不同，或有不同的答案。有人立志如曹孟德，争霸天下，"烈士暮年，壮心不已"。也有人如陶渊明，喜欢自由，与世无争，"采菊东篱下，悠然见南山"。
幸福的定义和感觉，是和一个人的兴趣和理想息息相关的。凡夫俗子如你我，通俗一点来理解，财务自由，就是有足够自由支配的金钱，来做自己喜欢的事。
这句话听起来还是有点拗口，我们把它反过来理解，可能更容易懂。财务不自由，就是为了金钱收入，而不得不去做自己不喜欢的事情，比如做自己讨厌的工作。这种财务不自由的状态，就是陶渊明所谓的"为五斗米折腰"。
财务不自由的人生，是令人沮丧甚至悲哀的人生。人生很短，区区几十年；世界却很大，值得探索。人人都一定有自己的兴趣和理想。但是如果因为财务不自由，而迁就屈膝，做不喜欢的事情，难道不令人沮丧和悲哀吗？
"春风无限潇湘意，欲采苹花不自由"，虽然柳宗元的生活年代和场景和我们不同，但他的这两句朴素的诗，却同样道尽了渴望自由，但又不得自由的矛盾和沮丧。
幸福的人生，需要生活的质量，生活的轻松。轻松又体现自我的生活，才是我们普通人的理想生活。
绝大多数人，如你我，都是普通的芸芸众生。我们并无悬壶济世，普渡众生，解放全人类的能力和宏伟理想。这些理想，年少时或许有过；但成年后想做的事情，就是能有足够的自由时间和金钱，或周游世界，怡情于湖光山色；或亲朋相聚，开怀于吃喝玩乐；或读书饮茶，醉心于典籍真经。
而不想做的事情，就是上班。有些时候，上班的心情，其实比上坟还要沉重。

我们年年月月辛劳地朝九晚五工作，本质是为了什么呢？上班时，是在拿自己的自由去赚取金钱；而下班后，却又去拿金钱去买回自由。

财务不自由的人生，前半生，是用自己健康换来金钱，而后半生，却想要用金钱去赎回健康。

人生的很多悲剧，即源于此种的财务不自由。因为财务不自由，就必须拿青春、自由和健康去换取。但如花美眷，抵不过似水流年；白驹过隙，恰正如光阴似箭。此中的感慨，我们从王国维的"最是人间留不住，朱颜辞镜花辞树"，应该可以体会。世间男女，概莫能外。男人的悲剧，莫过于韶华已逝，英雄末路，如李白所说的"高堂明镜悲白发，朝如青丝暮成雪"。女人的悲剧，也在于年老色衰，美人迟暮。正所谓，"美人自古如名将，不许人间见白头"。

等我们年老退休后，再去换回自由和健康，无异于缘木求鱼，水中捞月，刻舟求剑；是换不回来的。年老时有老骥伏枥，志在千里的雄心，虽然难能可贵。但是显然比不上年轻时能够"人生得意须尽欢，莫使金樽空对月"的惬意。

所以我们要及早规划，在年轻上班时，就尽早考虑这一问题。早日实现财务自由，才能有幸福的人生。这其中的意思，正如《古诗十九首》里面的诗句的概括。

"人生寄一世，奄忽若飙尘。
何不策高足，先据要路津？
无为守穷贱，坎坷长苦辛。"

这首诗的意思非常浅显易懂：我们的生命只有一次，我们的人生堪比寄旅，身体则犹如尘土，刹那间便被那疾风吹散。为什么不努力捷足先登，尽早占据有利地位，而安享自由富贵，追求梦想和价值呢？真的不该无谓地因为贫贱，而经常忧愁失意；也不要因为郁郁不得志，而辛苦地煎熬自己。

写这本书的目的

这本书是关于财务自由的，算是投资理财的书。但我自己其实不是投资专家，更不是已经实现了财务自由的富人。

我也还在这条财务自由之路上行走和探索。如果说已经实现财务自由的人，是已经越过终点的得奖者，那么我和各位读者一样，还是在这条路上行走奔跑的选手。

我们彼此是同行者，处于大体上相同的位置。也正因为此，你我才能感同身受，也有更多的共鸣。

巴菲特这样的牛人，自然很会投资；但我们望尘莫及，他的经验我们也学不了。而我这样的行者，愿意分享的经验和心得，可操作性更强；相对于牛人的高大上教诲，对你或许更有帮助。

写本书的目的，就是希望能帮助阅读本书的朋友。帮你成为金钱的主人，而不是金钱的奴隶；帮你尽快实现财务自由，从而能做自己喜欢做的事，而不是永远为了工作而操劳。

你若通过此书，能有所裨益，或者学到一点经验和理念，有些启发，我都会由衷地为你高兴；同时你也帮我实现了一点点人生价值。

财务自由其实也不是旅行的终点，它更多的是一种选择权。当我们达到财务自由的生活状态，我们就可以有权利做选择，比如放弃自己不喜欢的工作，为自己喜欢的事情投入更多的时间和精力。

从自己的多年亲身经历和其他很多华人朋友的经验，我相信房地产，尤其是投资房，是易学易做地财务自由捷径。投资房概念简单，普通人也容易理解和上手。相对于股票等资产，投资房看得见而摸得着，而且有丰厚的回报。

在本书里，我把几个词语交错使用，比如投资房和出租房，其实是一个东西。同样的，租客和房客，财务自由和财富自由，意思也差不多。

像美加这样的国家，资本运作周密，法律等制度成熟规范。房地产、投资理财、财政金融、法律政策等方面都很复杂，可以说博大精深。同时，美国各州、各县、各市情况不同，而且会随着时间不断变化。我自己不是任何这方面的专家，本书内容自然不可能完全准确，面面俱到。如有出入之处，敬请谅解海涵。

声明和提醒。任何投资，有回报就有风险。回报和风险的大小，和很多因素有关，包括投资人的能力和情况。同一条投资道路，对有些人来说是阳关大道，而对另外一些人来说，或许举步维艰。

很多人喜欢金庸武侠小说，我们也可以做个相关的比喻。我们每个人都行走在财务的江湖中。投资房，可以看作是实现财务自由的利器。不夸张的说，就是屠龙刀和倚天剑。如果你是张无忌这样的顶级侠客，你会凭借它而纵横江湖，快意人生。反之，它或许会伤到你自己。

明白了这个道理，在购买投资房的时候，就需要谨慎从事。我的建议是：不要急于求成，要量力而行，循序渐进。不仅仅是我们自己的情况不同，会因时而异，我们所处的社会和经济政治大环境也在不断改变。所以我们要常常总结经验，吸取教训，及时调整策略。

本书的内容脉络

为了让您对本书的内容有一个宏观的掌握，我简要地介绍一下各章的内容，提供一个大体的脉络。

- 开篇词。从一个普通人的角度，思考为什么需要考虑财务自由。
- 关于财务自由的几个误区。比如多存钱就可以财务自由吗？你的资产或许其实是负债，而负债则是资产。
- 迈向财务自由的道路。讨论财务自由的标准和被动收入的重要，也讲几个自己的例子，有良好的经验，也有惨痛的教训。
- 投资房是财务自由的终南捷径。从天时地利人和的角度，阐释华人在美国实现财务自由的捷径，说说为什么华人适合走投资房这条路。也解释投资房的各种回报。明白了这些回报，也就不难理解为什么投资房其实就是摇钱树。
- 购买第一套投资房。通过购买投资房实现财务自由，理论上可行，但还需要实践。万事开头难，这一章讨论一下购买第一套投资房的策略。在美国买房是个复杂的过程，购买房子过程需要各方面的知识和经验。
- 维护和打理投资房。买到房子后，都需要维护和管理。这一章说说这方面的各种花费，如何保养和管理房子，以及和房客打交道的原则和学问。
- 从1套投资房到10套。怎样才能快速地购买多套投资房，种下足够多的摇钱树，尽早达成财务自由。
- 投资房的出售。如果需要卖掉一套投资房，如何做好准备，卖个好价格，如何决定买家，并且如何省税。
- 和房地产相关的投资理财理念。投资是门学问，有很多理念需要学习，并做合理的预测。比如如何合理预测房市的发展等。
- 房地产投资的进阶篇。面向资深的房产投资人，探讨几个高级话题，包括驱逐房客等。

- 自己的投资案例。分享自己的例子，有成功的，有失败的，也有总结。
- 房地产的典故和趣事。从古到今，房地产都是热点话题；毕竟，人人都需要住房。我来聊聊一些有趣的典故、笑话和八卦，轻松一下。
- 财务自由之后。当我们不需要烦恼财务收入的时候，来聊聊人生价值的追求。

致谢

在写作本书的过程中，很多朋友给予了我大量的建议和鼓励。本书的内容，也参考了网友公开发布和网上论坛的很多信息。对这些朋友和网友，在此一并表示深深感谢！

希望这本书能够帮助到读者，我们一起"先富带动后富"，实现"共同富裕"；我想，这也就是这些朋友和网友的共同目标和"初心"吧。

关于财务自由的误区

很多人有很高的智商,但是却缺少情商和财商。智商和情商大家都比较了解,但什么是财商呢?财商就是一个人创造和管理财富的能力。在财商和财务自由的话题上,也存在很多不容易理解的误区,这里我们举几个例子。

误区之一:有份好工作,就无忧财务自由吗?

我们多数人都有一份工作;其中的幸运儿,或许有一份亮丽光鲜、收入很高的工作。可以参考白居易年轻时的高薪工作:"俸钱万六千,月给亦有余";工资高,生活舒适,每月都能有些储蓄。有这样的工作,还需要考虑财务自由的规划吗?是不是太杞人忧天了?

我的很多朋友在大公司上班,年薪动辄几十万,不可谓低薪。但是绝大多数人工作压力很大,每天被项目和老板追逐。经常要担心工作的稳定性,远远谈不上生活的轻松,罔论人生的幸福。

在大公司做一颗螺丝钉,需要努力攀爬职业的梯子。但很多人到中年后,基本定型;加上职场玻璃板的存在,职业上基本已经没有太大上升空间。有些人会熬时间,熬到周围人都走了,才能勉强混进管理层,但说到底还不是打工崽一个?

如果公司经营不善,或者老板对你的工作不满意不高兴的话,可以分分钟让这个人的职业梦想和"钱途"归零。

了解大陆的人,都知道有"双规"制度,就是对有关人员在规定的时间、地点就涉及的问题作出说明。

我们的平时工作,仔细琢磨一下,其实比双规的要求还严格。上班时,我们需要在规定的时间(按项目进度)和规定的地点(去公司上班)完成别人(多数是老板)规定的内容,还必须和规定的人/组合作,来换取相应的金钱回报,比如工资奖金。这样算下来,说"四规"也不过分,比双规还多两规。

双规也好,四规也罢,无论有多少回报,都是和幸福及自由相左的,因为人性不喜欢被如此束缚。

或许你喜欢自己的工作，觉得上班很幸福，愿意一直工作到干不动了再退休。这样的心态值得尊敬。但是一份工作再好，也需要居安思危，未雨绸缪。

现在的社会，已经很少有铁饭碗一说；几乎所有人的工作，都是不稳定的。公司单位会因为各种原因裁人，甚至某些公司制度性地大幅度淘汰年龄大的（比如35岁以上）员工。

无论你多优秀，年轻人也都有变老的时候，都会有中年的职场危机。而中年人往往上有老下有小，赡养老人，培养孩子，支撑家庭。一旦失业，生活就会一落千丈，离幸福的距离也就以光年衡量，成了渐行渐远的黄粱美梦。

误区之二：多存钱就可以早点财务自由吗？

我们经常会听到大家讨论：赚够多少钱才可以退休？这里的"退休"，其实就是财务自由的意思。这个问题的讨论，其实毫无意义。

财务自由的标准，从来不是用净资产多少，或者存多少钱来衡量的。为什么呢？因为无论你的存款和净资产有多少，都靠不住。这里面有几个因素我们是很难控制，甚至是无法控制的。

第一个因素就是自己的需求。一个人的现在，或许在生活上没啥需求，但不代表以后没有其他需求。比如医疗保健，就是随着年龄变大越来越需要的。所以不要相信可以只靠存款家底就可以财务自由。

第二个因素是时代和社会。我们都知道通胀的影响，尤其是当今和以后的时代变幻莫测。如果没有稳定而且不断增加的被动收入，再多的存款也是会蒸发殆尽的。

我们多数人从小时起，就会得到大人的零花钱。等自己长大赚钱，积累首付买房，到为孩子存钱上大学，再到积蓄来养老，潜意识就是要存钱。每个月即使勒紧裤腰带，也要从牙缝里扣出仨瓜俩枣，放到银行自己户头里才觉得心里踏实。这样潜移默化形成的储蓄固化观念，就是要积少成多，希望有朝一日能攒够需要的钱。我们很少想到过投资理财，用钱去生钱。

勤俭持家，多劳多得，劳动致富，这些确实是我们的优良传统和美德。这样的存钱的好处很多，比如通过节衣缩食，每年存下三五万，存到一百万元也不是很难的事情。等遇到大事情，或是到了退休的时候，再把这些钱拿出来用。

不断储蓄存钱就可以早退休的的理想很丰满。但现实却很骨感。钱放银行里，每天都在贬值。我们回想一下，倒退三十几年的中国，万元户是个何等风光之事。而现在，你说银行账户里有一万人民币，大家也就呵呵了。

即便你觉得通货膨胀不高，相信存款利息足够抵消通货膨胀，但是不要忘记，存钱下来放到以后才用，必然要牺牲当前的生活品质。存款无论多少，等到了你想用的时候，也会像块美丽的蛋糕，吃一口就少一口。这种坐吃山空的感觉，节衣缩食的生活，绝对称不上财务自由，又何谈生活幸福呢？

拼命工作，赚钱存钱，期待存款够多而退休，这是多数人的误区，很可怜，也很愚蠢。我们需要跳出这个误区，通过合适的途径，实现真正的财务自由和幸福。

误区之三：高薪人士就可以早点退休吗？

一提到财务自由或者何时退休的话题，多数人的关注点总是放在净资产相关的因素上，比如年收入多少？工作多少年了？有几套房产？贷款还清了吗？似乎只要收入高，就可以早退休。

其实收入高和能够早退休是两件不同的事情，并不是划等号的。高收入人士不一定更容易实现财务自由，也不一定能早退休。

医生算高收入群体了吧？有些医生收入极高，可以年入百万。但是根据调查，相当多的医生都无法早点退休；有的甚至一直工作到去世的时刻。原因是什么呢？因为不工作就没有收入，维持日常开支的压力很大。

何时能够退休，以及是否实现了财务自由，不取决于净资产，而是取决于两个数字的比较：被动收入和生活支出。

一个人可以自我检查一下：你的被动收入是否可以维持日常生活开支？如果答案是肯定的，那么恭喜你，可以算是实现了财务自由的状态。只要达到这个状态，即使你并没有很多净资产，甚至在租房住，你仍然是财务自由的。

而想要实现这一状态，就需要"开源节流"。开源，就是增加被动收入。节流，就是节省日常开支。通过增加被动收入来开源这方面，我们留给下面的章节讨论。现在我们先谈谈节流。

对多数人而言，日常开支是随着收入增长而水涨船高的。举个旅游开支的例子，这个开支多数人会越来越大。为什么会开支增大？首先是旅游的频率会提高，比如从一年一次变成一年三次。旅游的地方会升级，比如从普通国家公园变成豪华游轮。旅馆的星级会提升，从经济型变成4星级5星级。交通的档次会升级，从经济舱变成商务舱，等等。

回到前面医生的例子，为什么有些高薪人士反而永远无法退休？原因就是这样的。随着日常开支变大，一个人反而更加不敢退休。因为再多的积蓄，也架不住坐吃山空的消耗。更不用说很多人，尤其是美国人，根本就没有多少积蓄。

我们复习一下股神沃伦巴菲特的名言，"如果没有找到一个睡觉时还在挣钱的方法，你将一直工作到死！" "If you don't find a way to make money while you sleep, you will work until you die."

误区之四：你引以为豪的资产，其实是负债

"资产"和"负债"这两个词，我们耳熟能详。这两个概念看起来很简单，似乎不需要思考就知道什么是资产，什么是负债。

如果从财务自由的视角来思考一下，我们就会发现，其实很多人对这两个词语的理解是错的。我们经常说某人的资产很多，有房一套，汽车两辆，游艇一艘等等。或者说某人买了个房出租，负债多少。这样讲看上去很符合逻辑，是吗？我告诉你，全错了。

第一个人的房和车不是资产，而是负债。第二个人的房子，不是负债，反而是资产。

从财务自由的视角，资产和负债的定义是颠覆很多人的观念的。如何区分资产和负债呢？简单看，就是它让你赚钱还是赔钱。

所谓资产，就是你不用工作也能把钱放到你口袋里的东西，也就是说可以产生被动收入的东西。而所谓负债，则是从你的口袋里把钱拿走的东西，也就是说你要贴钱的东西。

按照这个定义，你自己住的房子就不再是资产，因为你还要为它负担贷款和其他花费。即使还清了房屋贷款，你仍然要承担房屋的维护、缴纳房产税，支付保险和物业费等，所以自住房永远都是负债。

同理，一个人拥有的私家车，也不再是普通意义上所说的资产，它其实也是负债。因为这辆车每天都在花你的钱，比如汽油、保险、注册、保养、维修等，都需要你砸钱进去。更不用说这辆车每天都在贬值，越来越不值钱。

我们再看看传统意义上所谓的"负债"：一套有贷款的出租房呢？如果它能产生现金流，那么它就是你的资产。因为它每月产生的房租收入，抵消了你交纳的物业税后还有盈余。也就是说，这套出租房在帮你赚钱。既然能帮你赚钱，它当然是实打实的资产。

清楚了资产和负债的新定义，就不难理解，我们要实现财务自由，就是要尽可能多地增加资产，而降低负债。等到资产的数目大于负债，而且产生的被动收入让你衣食无忧，你离财务自由的目标也就咫尺之遥了。

同时也要注意，在这个定义下，负债和资产也是可以互相转化的。比如一套自住房，现在是负债，因为它在"赔钱"。但是你是有可能把这项负债转为资产的。怎么转化呢？就是让它产生收入。产生收入的方法很多，比如可以做短租和民宿，或者找房客合租，自然就会有租金。如果租金收入超过了养房的花费，它就摇身一变，从负债变成了资产。

同样，你拥有的一艘游艇，现在看是负债。如果你把闲置的游艇租出去，从而带来收入，它也完全可以转化为资产。

误区之五：让你担惊受怕的负债，其实是资产

我们华人的传统观念，天生不喜欢负债和贷款。因为在我们的文化里，总是把储蓄看作持家之道，而把负债贷款和败家子联系起来。这种观念是源自咱们国家的古代社会，经过千百年来的酝酿而形成的。

但是我们要认识到，现在时代不同了，我们的观念也要与时俱进。更重要的是，在美国这个资本主义国家，金融高度发达规范的地方，贷款恰恰是投资理财的帮手。

当今社会，大势是通胀；各国的财政政策和种种版本的现代货币理论都在加速这个趋势。这方面的新闻和讨论很多，非常明显。

在大通胀的背景下，我们普通人其实应该尽量多贷款。很简单的道理，在借贷利率低于通胀率的情况下，贷款是有利的。

如果你能用借来的款去投资，只要投资回报率高于贷款利率，就相当于银行给你送钱。看起来好像是无脑就该做的，很直白，但是很多华人就是不敢去执行。怕贷款额大了，负担太重，风险太大。

其实，现在的银行对借款人的资格审查非常严格，尤其是还款能力的审查，更是要求苛刻，银行已经在帮你控制借贷风险。不夸张的说，有钱人才有本事借到钱。你越有钱，银行越愿意借给你。

我现在觉得，贷款这东西，它其实不是负债，而是赤裸裸的"资产"。当然，前提是你得拿借来的款去投资，让钱生钱。

咱们来算个账，来看看数字有多惊人。假设你房贷贷款总额是300万，30年固定利率。利率就算3.5%吧，其实很多人的房贷利率比这个低，比如我自己的贷款，平均利率是3%而已。

贷款300万，3.5%利率，每月就需要偿还房贷$13471。这份每月还款里面，有利息，也有本金偿还。本金的偿还，30年平均的话，每月偿还$8333。这样算下来，30年平均，其实你每月只付利息$5138。假设你的投资回报率是5.5%（这个回报率是非常保守的，并不高），那么就是每月回报$13750。从现金流的角度，基本打平，刚刚有一点正现金流($279)。虽然勉强打平，但是因为本金的偿还也算是你的净资产积累，每月下来，你其实净赚8千多，一年就是10万美元。如果你的的年投资回报率是10%，那么每月回报就是$25000，每月就有了正现金流$11529。每月一万多的收入，对很多人而言，可以算是财务自由了。再加上每月偿还的贷款本金，你相当于每月净赚2万，一年就是24万，非常可观。

上面假设的10%的年回报率高吗？要看你的投资渠道。如果是投资房地产，比如购买投资房来出租，10%并不算高。这一点在本书后面的章节就可以看到。

投资房的最大好处就是"以房养房，以租养贷"。你做的贷款，30年后就会完全付清，到那时，这些当初的"贷款"，就完完全全地成了你的净资产。这就是我为什么认为：贷款就是资产。

有人说30年房贷太久了。这个不是问题；即使不到30年，你也有和时间长度相对应的回报。比如10年后你把房子卖掉，你照样会拿到10年的总回报。

普通人起点低，没有丰厚的资金来起步。所以要想尽快地实现财务自由，就必须得大量贷款。

归根结底，足够多的负债，加上好的投资路径，会帮你快速实现财务自由。

打个容易理解的比方。假如我们要去一个遥远的城市，有的人靠徒步，有的人骑自行车，也有的人会开汽车。开汽车的风险相对大些，尤其是对驾驶技术不好的人。倘若你驾驶技术娴熟，而且行驶在正确的阳光大道上，自然能比别人更快地到达目的地城市。

这个比方中的目的地，就是财务自由的目标；徒步的人，是普通的工薪族；骑自行车的人，是高薪人士；他们在不断地储蓄。开汽车的人，是投资房地产的人；汽车就是房贷。驾驶技术不好的人，是没有知识和经验的房东。而驾驶技术娴熟的人，就是我们想成为的那种有知识有经验的房东。

误区之六："理财"就是"投资"，"投资"就是"买股票"吗？

很多人对"投资理财"这个概念有严重的误解，认为"理财？无非就是投资？投资？无非就是买股票"。这样的误解，尤其存在于在美国生活时间短的人群中。这也不难理解，毕竟很多国家，比如中国大陆，理财的范围很窄，投资的渠道有限。

中国大陆也就是最近30年才算慢慢摆脱了全民贫困，普通大众才有了一点财产，才有了理财的需求，和个人财产相关的制度才逐渐建立。相对于发达国家如美国，还有很长的路要走。

至于投资，在中国大陆，因为各种限制和不规范，除了买股票，似乎也没有太多靠谱的投资途径。所以当我们和国内的人谈投资理财时，比如各种税收等，他们也听不太懂。他们往往会直奔主题：投资理财好啊，你推荐哪只股票呢？这样让人啼笑皆非的场景我想大家并不陌生。

在美国，"理财"的范围很广。我们或许听过"Financial Planning"（理财规划），它的范围就包含税务策划，投资策划，保险策划，退休策划，遗产策划，现金流管理，教育计划，房贷计划和债务重组等等方面，也涉及到极为广泛的金融产品。

具体到投资，美国有很多投资途径。比较常见的就是银行储蓄、债券，股市、房地产、年金等。不同的投资方式在风险、收益、可操作性方面此消彼长。比如下面这个表格，从这三个角度简单比较了10种投资方式。

投资方式	风险	收益	可操作性
银行储蓄(CD, Saving)	低	低	容易
政府债券	低	多样	多样
教育账户	低	低	一般
退休金账户	中	中	一般
贵金属（金银等）	高	高	一般
房地产（商业）	中	高	复杂
房地产（住宅）	**低**	**高**	**复杂**
年金	多样	多样	一般
虚拟货币	高	多样	复杂
股市	**高**	**高**	**多样**

哪种投资比较好呢？这个要因人而异。每种投资方式都有优缺点，而且会因为所在的地点（比如美国的各州）和时间（经济周期）不同而变化。不过，正如本书所建议的，居住型房地产，也就是表格里面的"房地产（住宅）"，对有志于财务自由的普通人，是最合适的投资途径。

房地产类型有好多种，大体上分为商业和住宅。商业地产（比如仓储，办公楼，酒店等）操作复杂，风险高，需要资金量大，所以不建议普通人去做。而住宅型房地产，就是用于出租的投资房，所需资金少，风险也低，回报高。至于操作性，不懂的人，觉得房地产投资看起来很复杂。其实住宅房地产的投资并不难。多数普通人所缺少的就是一些基本常识。而把这些基本常识组织起来，让人看得懂，也就是这本书的目的。

迈向财务自由的路

财务自由的标准

怎么样才算实现了财务自由呢？这个问题可以复杂，也可以简单，并不容易回答，可以有很多种答案。简单来说，就是不需要为了钱而工作。

但仔细想想，这样的回答无疑是过度简化了，没有澄清问题的关键点。最关键的点是，这里的钱是用来干啥的呢？对多数人而言，就是基本的生活开销，包括衣食住行，也应该包括医疗，教育，养老和基本娱乐。当然，如果超出基本的生活需要，非要过奢侈的生活（比如飞机坐头等舱），那就另当别论了。

其次，退休时多大程度上不需要为了钱而工作？是百分之百的情况呢？还是可以通过适当的工作来赚钱。虽然说完整意义上的财务自由，应该是百分之百不需要工作；但是很多人其实愿意取个折衷，偶尔劳动一下，从事一些不讨厌的工作。比如现在是自媒体时代，对很多人来说，赚点零花钱，比如在网上赚点钱，应该不难。

毕竟我们从小就都学过：劳动是人的第一需要。完全不劳动的人生，是颓废的和不健康的人生，我们也并不期待那样的无所事事。从这个意义上讲，我们多数人，并不需要百分之百的不工作。如果是这样的目标，财务自由就不是那么难以实现了。

我们再从消费需求的方向来思考一下，人类是一种贪心的动物。我们经常用"人心不足蛇吞象"，来形容欲壑难填的贪心。所以我们对物质的需求，如果不加思考和限制，就会永无止境。有1想要2，有2想要3，有了3想要更多，不断地得陇望蜀。如果一个人一直限于此类个人财富欲望的追求中，那么我想，财务自由将永远只是一个遥不可及的海市蜃楼。

反之，若能适度遏制欲望，不管是小富即安，还是甘于平安度日，这个人的心态会更健康。欲望越小，需要的就越少，这样的人，财务自由的目标往往就更容易实现。

这方面，我们可以重温一下熟悉的《临江仙》，来参考一下苏轼对追求名利的反思和人生期望：

"长恨此身非我有，何时忘却营营。

夜阑风静縠纹平。

小舟从此逝，江海寄余生。"

被动收入的重要性

我们强调一遍：财务自由的标准，就是你的资产能够带来的被动收入，要超过你的日常开支。

财务自由，跟你是否年轻，或有多少积蓄关系不大。如果你能从本职工作以外的途径，赚到足够你日常开销的钱，你就已经财务自由了。

假设你现年25岁，每月开支1000块钱，你的资产每月产生1001块钱的被动收入，你就财务自由了；你可以选择你想做的事情，而不必担心没有工作。

假设你现年50岁，工作辛苦，但工资很高，月入百万。但是每月的开销也大，假设每月开销5万吧。如果工作之外的被动收入不到5万，那你仍然没能达到财务自由，你仍然不得不继续月入百万地这么维持下去。

什么样的收入是被动收入？有很多种赚钱方式都算被动收入。比较常见的被动收入种类，包括投资房出租，股息分红，存款利息，写作收入，专利费，广告收入，退休金，家庭抚养费等。

当然，不是每个人都有这些被动收入。有的被动收入虽然不多，但是比较稳定，比如存款利息等。有些被动收入虽然较高，但是不稳定，比如家庭抚养费。

从被动收入的多少和稳定性来衡量，投资房的房租是普通人最重要的被动收入。一旦你有了一个出租房，它就能为你产生相对稳定的被动收入。租金收入一般也很可观，而且有上涨的空间，可以很大程度上抗通胀。

其他几种被动收入都各有严重缺点。有些是很难对抗通胀的，比如银行存款利息，退休金，别人给的生活费等。另外一些很难长期维持甚至增长，比如股票分红，广告收入，写作收入等。投资房出租则这两方面都不是问题；它既可以有效对抗通胀，也可以长期维持，而且能不断增长。

最稳妥的财务自由之路

实现财务自由的道路不止一条，但是适合普通人走的路并不多。富二代和官二代们，一出生或许就已经踏上财务自由的大道了。也有些时代的弄潮儿，赶上合适的风口，从而大踏步地跑过狭窄的财务自由通道。更有奇才怪异者，能侧身于极少人可以通过的羊肠小道。比如有人通过投机，比如炒股炒币炒鞋来一夜暴富。这些都不适合普通人。

对普通人而言，房地产是其中最靠谱，最稳妥，也最快捷的途径。说起房地产，很多人都认为自己很懂，有些人会很不屑。有人认为是投机，和炒股无异。有人认为操作和管理太麻烦，不愿意做。也有人想做，但是缺乏知识、经验和魄力。

我们必须承认，任何事物都有利有弊。相对于其他的投资形式，房地产的确有几个"缺点"。首先，房产增值不像股票那么快，不是一夜暴富型；它是渐进增值的，所以要长期持有才能见效。还有一个缺点是，相对于股票等投资，房地产的流动性不好，所以我们常把房地产叫"不动产"。最后，投资房需要花时间和精力打理，比如找租客和维修。

因为这些缺点，喜欢快钱，想一夜致富的人，或者想"躺赚"，嫌管房子麻烦的人，都看不上投资房。

和上述有些人的感觉恰恰相反，根据自己和很多朋友的经验，我认为通过购买投资房，恰恰是实现财务自由的"终南捷径"：既快又稳。走这条捷径的关键，就是要有恰当的投资理念和房产知识，并配合多年的践行。这也是本书的主旨。

我根据很多人的实践，也做过一些估算。如果走这条捷径，坚持不懈地购买投资房，一个普通人，基本可以用10年左右的时间实现财务自由。我们举一个例子，假设这个人叫小张，他决定通过购买投资房来获取被动收入，实现财务自由。

下面的时间线就是小张这十年的历程。为了简化描述，例子里面的投资房的买价都是40万，并且首付25%，10万；贷款75%，也就是30万。每套房子租金2千，去掉贷款等花费，一开始有每月120元的净现金流。

房产本身每年会增值，而且租金也会上涨。所以，随着时间的流逝，一套投资房的价值会越来越高，而且会创造越来越多的现金流。

这里面的很多细节本书后面会仔细讲，但是宏观上看，小张每年存款5万；每两年的存款作为首付（10万元），来购买一套40万的投资房用来出租。这样坚持下去，到第11年时，小张每月的被动收入（现金流）可以达到$2000，基本实现财务自由。而且，他的房产总净值可以达到150万美元以上。

如果继续做下去，可以想象，到第15甚至20年时，小张完全可以轻松地"退休"了，因为现金流和净资产都会是非常可观的数字。

10年购买6套投资房，或许你认为不现实。其实只要留意一下周围致力于房地产的朋友，尤其是华人家庭，有很多人能做到这样，并不困难。我认识的朋友，有的10年时间购买的投资房超过这个数目，甚至远远超过。有的根本不用10年，三五年就可以达到10套房。

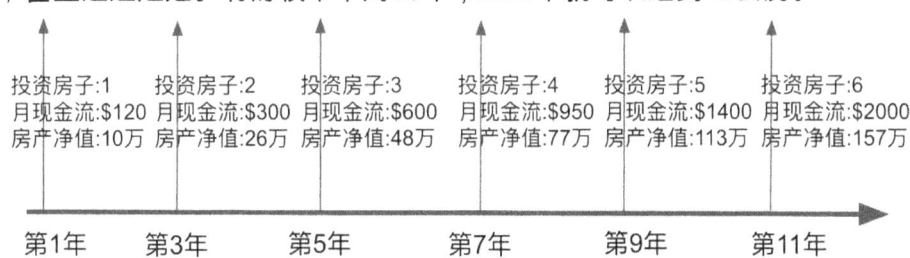

每一个投资房其实都是一棵摇钱树。如果一个人及时地开始这样投资，种下一棵棵这样的摇钱树，那么十几年后，他就可以完全财务自由，而且会有丰厚的净财产积累。

财务自由之时，也许还远远未到退休年龄。当别人仍然在为朝不保夕的工作而担心时，他已经可以潇洒地和老板说再见，享受幸福的生活，追求人生的真正价值了。

自己的几个房产投资故事

这本书的内容是怎么来的呢？是自己和朋友的经验，以及房地产尤其是投资房各方面的知识总结和个人心得。

我自己是一个普通人，没有什么背景。十几年前只身漂洋过海，怀揣仅有的几百美元和梦想来美国，靠学校和导师提供的奖学金读博士。毕业后，幸运地有一份普普通通的互联网工作，能够自食其力地谋生。

我在海外生活工作十几年，也亲历目睹了华人为了谋生和追梦而经历的种种艰辛。人到中年，经常会思考一下日常生活和人生价值。

我们华人，几乎每个人的智商都出类拔萃，但大多数人的财商很低。一个原因是我们这方面缺乏相关的认知和实践；更重要的是，美国（也包括加拿大，澳洲等类似国家）这个资本高度发达和完善的国家，各种制度、规则以及理念，和我们所熟知的有很大不同，我们的确难以适应。

我自己审视一下自己，白手起家，也没有啥特长。但我有幸参与了房地产方面的投资。通过购买投资房而获得财富的同时，也积累了很多的投资房方面的教训、经验和心得体会。我本人很愿意和朋友们分享。所以就说说我自己的房地产投资故事吧。

自己在房地产开始也是小白，完全不懂。十几年来跌跌撞撞的经历，充满了曲折。所以我的这些故事其实都不是特别成功的例子，但贵在是我自己的真实经历，权当抛砖引玉吧。

和很多人一样，当初来美国是为了求学。我在读书期间就买了一个房子；这是我在美国买的第一个房子，就从它说起吧。

第一套房子：当时作为学生，也没多少钱，用贷款买了一个8万的小公寓。首付加费用，总共投入了现金2万。

买的时候，对美国房地产根本不了解；买的时机相当不好，恰好是2008年房地产崩盘的前夜，所以买的价位很不理想。买完之后，房价就大跌；最低时，同小区同户型的房子跌倒了我买价的一半：4万元。

即便如此，从长期的投资回报角度来看，也是一笔很好的投资。这个房子我先自住后出租，一共持有了8年。卖掉的价格是11万，去掉各种费用，相对于买价，净赚约2万。房租方面总的净收入估计也有2万。同时，8年来还掉贷款1万5千左右。这些加在一起，总回报5万5千。相对于开始2万的投入，算下来年回报在20%以上。

从这个买房的经验，很容易得出这样的结论，就是买投资房的时机固然重要。但更重要的是，即使是购买的时机不佳，买在房价的高点，价格站岗；但是只要长期持有，终究也会赚的。

毕竟，美国的房产数据可以证明，尽管有波折，长期来看，不动产的价格是稳步上升的。长期来看，差不多每年增长5%左右。而且近些年，房价的增长有明显加速的趋势。

当然，如果投资的时机选对，房子买在低价位时，回报的比例更高，就如同我后来买的第二套房子。

投资房A：严格来讲，这套房子才是第一套真正意义上的投资房，因为上一套买的时候是自住房。

房子买在2014，在美国房地产崩盘后恢复的起步阶段。当时省吃俭用有点闲钱，不多，刚刚够买一套小房，于是就拿出所有的积蓄买了。

这套投资房购买的价格是20万，当时财商不高，嫌麻烦没有申请贷款。月租金1600。去掉HOA和税，每月现金流约1千，一年是1万2千。这样算来，年租金回报在6%左右。后来的房租几乎每年都有增长，平均下来，租金年回报在8%以上。

这套投资房的回报主要靠升值，因为买的时机还处于房价低谷。大家都记得2008年的房市大跌；然后从2010年开始，房价稳步回升。2014年的房价也还算是低谷。

到现在为止，持有7年了，房价早已经翻番，增值近30万。相对于20万的投入，增值这方面的年回报超过15%。加上现金流的回报，总共年回报稳稳地23%以上。

虽然回报不错，但我认为也不是一个特别理想的投资；因为本来还可以做的更好。哪里没做好呢？没有用贷款。如果用贷款的话，通过杠杆效应，年投资回报可以接近80%。怎么算的？这方面本书后面会详细讲。

总结经验，也从教训中学习，后来再买投资房我就尽量用贷款。

投资房B：这套房子买价70万，首付18万，贷款52万。购买之前，犹豫了很多天，因为房子的预期租金不高，甚至小于房屋持有成本，包括贷款，地税和保险等。也就是说，买下后，会是负现金流，要每月赔钱进去。不过我最后还是买了。

一开始出租的时候，租金每月只有2600，并不算高。前两年我确实每月还是贴点钱进去，虽然不多，二三百的样子。房租每年都涨一点，到第5年时，已经涨到每月3000，勉强有点现金流，但基本可以忽略不计。

这个房子好在增值不错，4年后，市价已经有90万了；整整增值了20万。

要是算算回报的话，增值20万，加上贷款本金偿还的8万，4年总回报是28万。这样算下来，平均每年7万的回报。买房时投入了18万多，所以年回报超过35%。

35%的年投资回报率是很惊人的。也就是说，即使没有现金流，只要合理用贷款杠杆，一样可以达到很高的投资回报率。

大咖们的格言：这几年，认识知道一些房地产投资做得很好的大牛级别人物，他们线上线下给了很多好的分享。一位有很多投资房的大咖语重心长地教导，"买投资房要无脑"，只要有资金就买。

面对一个投资房时，如果犹豫不决，下不了决心买，或者手里的房子在考虑卖掉，大咖的建议是："可买可不买时，买；可卖可不卖时，不卖"。

很多投资出租房的成功人士都总结，购买投资房给自己带来的被动收入（包括房屋增值），远远超过上班工作的主动收入。

根据以上自己的亲身经历，加上别人的经验，我体会到了投资房的巨大回报优势。通过购买投资房而产生的收益回报率和稳定性，是绝大多数其他投资种类全然无法望其项背的。

当然，投资房的购买，需要仔细分析一些因素，比如所处的位置等；也需要很多的相关知识，同时也有不少的坑要避开。只有充分了解这些，才能避免损失，尽量让投资收益最大化。这也就是我觉得这本书会有意义的原因。

投资房：实现财务自由的终南捷径

投资房：普通人的财务自由道路

对普通人而言，通过购买投资房来实现财务自由，是最容易，也最靠谱的道路。这条道路当然也不会是一马平川的高速公路，一定会有坑坑洼洼，会有困难波折。管理投资房，也必须面对一大堆琐碎的事情。比如房子的维修装修，日常维护，找选租客，管理租客等等。我们常说：天上不会凭空掉馅饼。同样，天上也不会无故砸钱下来。钱财是需要努力才能获取的。

购买和管理投资房有没有难处？有。但凡做事情就有难处。我们很多人都是读本、读硕、读博，一路打拼出来的，这种奋斗没有难处吗？蓝领工人体力劳动赚钱就没有难处吗？管理投资房也是如此，困难不可怕；怕的是没有眼光和没有魄力。

其实仔细琢磨琢磨，投资房上的那些事情，虽然琐碎，但都属于是具体事情，不是多复杂多虚无飘渺的事情。但凡具体事情，就有具体的解决之道。

我知道很多在房地产方面做得很好的华人朋友，都是普普通通的人。这些朋友大多数都是有一份其他行业的工作，只在业余做房地产买投资房的。可以说，投资房，不是你能不能去做，而是你敢不敢去做。

唯一要强调的是，房地产投资是慢功夫，细致活，切不可像买股票一样急功近利盼望买了就升值。投资房的回报是需要小火慢炖的。也正因为这个特点，很多智商颇高的一些人，对投资房不屑一顾。也或者尝试过后，碰到一点困难和挫折就退却了，弃之若敝履。或许是他们很聪明，有其他投资渠道和门路，也或许他们看不上这样的慢钱。反而是普通人，也就是非超级智商人士，在这方面做得更好。

天时：大通胀的时代

我们考虑财务自由的时候，通货膨胀是一个必须考虑的因素，那么通货膨胀究竟有多高呢？这其实是一个既简单又复杂的问题。

官方的通胀率，一般是用所谓的消费者物价指数(CPI，Consumer Price Index)来衡量。按照CPI的定义，一般超过3%就是有通货膨胀，超过5%就是严重的通货膨胀。

从历史数据看，CPI有多高呢？研究一下过去25年来的数据，平均下来只有每年2%的样子，似乎很低。那么你相信这25年的年通货膨胀率只有2%吗？

用官方的CPI作为通货膨胀参考来规划财务自由和退休，是很不靠谱的，因为CPI涵盖的范围有限。美国的CPI只涵盖了食品，交通，医疗，穿衣，娱乐，房屋支出和其他七大类，并没有把我们生活和娱乐方面所有的可能花费都放入。

更重要的是，这里的房屋支出不包含买房的价格；它只考虑房租价格（对租房者）和持有房屋的支出（对有房者）。这里的持有房屋支出，不是买房，而是支付的房地产税和保险等。

不难看出，CPI考虑的这几项房屋支出（房租，保险和地税）增长幅度，多数情况下比不上房价的增长。

我们知道房价在大多数年份都疯长；长期来看，每10年到15年就翻一番。换算成每年的涨幅，差不多是5%到7%的样子，远远高于官方的CPI。近些年来就更是如此了，比如2020和2021，房价物价的涨幅非常惊人，说10%都算低估。很多地方的房价一年涨了30%甚至40%以上。

其实不仅是房价，很多其他不在CPI里面的花费增长（比如旅游），都远远高于CPI的数字。换句话说，我们的存款，我们的购买力，每年在比CPI高的速度贬值。

美国如此，那么中国呢？中国的通货膨胀我认为只会更高。很多人的实际经验（比如一线城市的房价），近几十年，每年10%以上。就算10%吧，每年7%年的通胀，那么每10年我们的存款就贬掉一半。20年后就只剩下四分之一，30年后是八分之一。就算你今天是百万富翁，有一百万存款，30年后也就贬值到相当于12万的样子；不算穷，但绝对称不上富裕。

我们的退休金呢？这可是很多美国人退休的主要依靠。这几年的数据，美国人的平均退休金是每月$1500左右。这个数字看起来还不错，在一个小地方应该够基本生活了。但是如果按照前面的贬值速度，10年后估计只剩下类似今天$800的购买力，20年后是$500，30年后是$300的购买力。你觉得今天每月给你$300，让你退休，这点钱够吗？

所以，我们不能指望退休金，也不能指望存款；必须去投资，要有其他被动收入。

地利：美国的房地产是优质资产

说起投资，我们要决定买什么。世界很大，资产多种，买什么才能既能保值、又能增值、还很安全呢？

我们放眼全球和各类资产，在这个通胀和各种动荡的时代，美国的房地产，从全球范围看，是不可多得的最优质资产之一。

首先，众所皆知，房地产投资，在全世界都是抗通胀、抗风险、保增值的投资领域。这个毋庸置疑，不必赘述。而在全球范围，美国房地产相对于其他国家和地区，是最具投资价值的国家之一。

为什么是美国？原因有很多，包括美元，国际环境，商业环境，社会制度，地缘安全和自然环境等诸多因素。美元，现在和可预见的将来，仍然是世界上价值最为稳定、流动性最强的货币。无论是安全性还是分散金融风险，都是最佳的资产选择。

国际上，美国依然是最强大的国家。美国依靠其相对稳定的政治，强大的军事，稳健的经济，领先的高等教育，活跃的科技创新，高质量的环境和食品，成熟的金融市场、完善的法律体系等因素，成为国际高净值客户海外资产配置的主要集中地。

美国的商业环境和市场成熟，社会制度完善，市场成熟透明，经济状况总体保持良好状态，产业结构也相对合理，有相当多地竞争优势。

美国在地缘上也得天独厚。美国国土面积排名前四，仅次于俄罗斯，加拿大和中国。地理位置之优良，有一句话就形容的非常贴切，叫做"东西两大洋，南北无强敌"。东西分别是大西洋和太平洋，南北面是加拿大和墨西哥。无论是从经济、政治还是军事的角度讲，这都是最有利的地缘环境了。

美国的自然环境和资源也极具优势。自然资源极为丰富，世所罕见；拥有经济发展所需的几乎所有的矿藏。

以上的种种因素，决定了美国的房地产是最值得投资的资产之一。

美国房地产市场的总价值有多少呢？今天差不多是40万亿。其中以加州最高，接近8万亿；无怪乎加州的房价高。其次是纽约州，近3万亿。再次是德州和佛州，各2万亿。

根据房地产网站Zillow的统计，仅仅2020年一年，美国房产价值就增值了2.5万亿。

我们身处北美，脚下眼前就是这种保值、增值并非常安全的优质资产，相对于其他人，有很大的地利优势。伴随着美国经济的复苏，房屋价格还会屡创新高。在这个世界和时代的大潮中，我们每个人能不能从中分得一杯羹，就取决于有没有准备好盘子和准备了多大的盘子了。

人和：华人特别适合投资房产

中国人多数都是持家过日子的好手，普遍都喜欢房子。因为房子是实实在在的东西，本身有价值，还可以收租金。

中国人适合做房地产，相对于其他种族，有压倒性的优势。我个人理解，有如下的几个主要优势：热爱土地的文化基因，勤劳肯干的民族特性，数学扎实的教育背景。

首先说说文化基因。中国是一个几千年的农业国家；老百姓爱土地，是从生命里、血液里爱的。我们会执着地认为"有房就有家，有土斯有财"。不管是谁，随着生活条件的改善，在能力范围内尽可能地买房，是无数代人执着地选择。

之所以称之为文化，是因为咱们自古以来就是这样的。在数千年农耕文明的发展史中，农民对土地和房子的依赖可以说是空前的。地理和历史决定了我们的民族特性。作为农耕民族，农民只有依附于土地才能生存；他们在上面种植庄稼，收获果实，养活了一代又一代人。而房子为人类提供了遮风挡雨、生儿育女、居住生活、存放东西的地方，是人类生存寄托之所。在自己的房子里，人们也可以避开外界干扰，享受和家人团聚的美好生活。

中国人几千年来"有土斯有财"的观念根深蒂固。《史记》里面就说："以末致财，用本守之"。可以说从汉代开始，中国人就喜欢用房地产来守财。把土地称为"本"，把商业成为"末"。用"末"赚来的钱，要换作土地的"本"来守住。现代社会，就算不做地主，怎么也要弄个属于自己的自住房。

民族特性方面，这又与中国的传统宗族观念和文化相关。有房才能结婚的观念是传统，根深蒂固；结婚时配备婚房已成为中国人的习俗。开个玩笑，有了房子，才有底气面对丈母娘，起码不招丈母娘的白眼。

中国人喜欢脸面，这在生活实际和心理状态的占比很大。所以，为了面子而买房的人也比比皆是。在某些情况下，房子才能彰显其巨大的财富实力，所以有不少追求面子的人选择了买房。有没有房子，什么样的房子，已经取代了职业，成为社会分层的新标准，已经成了财富、身份和地位的象征，深刻影响着人们生活的方方面面。

再说说勤劳肯干的民族特性。打理房子是很需要花心思和精力的，游手好闲、懒惰的人干不了。购买投资房，最困难的就是开始阶段。你必须在一个短时间里处理很多事情，包括找房，看房、买房、贷款、招租、维修、管理甚至赶人等等。

在美华人普遍聪明，受过良好教育，数学扎实。相对于美国人，随便一个华人对他们都是降维打击的水准。只要是投资，自然免不了很多的"数学计算"，比如估算经济能力，计算投资回报率、投资房首付比例、贷款可负担性，贷款本金和利息、修理的成本和材料估算、房租的记账等等。没点数学基础，会很痛苦，糊里糊涂找不到感觉。这些事项，某些种族的人是无论如何也搞不定的；而华人做这些则得天独厚，得心应手。

每一套投资房都是一棵摇钱树

购买投资房出租，每月就会有租金收入。谁付租金呢？是亲爱的房客。房客为了能有钱付房租，就需要有收入，要去工作。从某种意义上说，你的房客们其实在为你而辛勤工作。

租房子住的家庭，绝大多数是因为买不起房。但也不乏有人有能力买房，但是选择不买房。

无论是因为何种原因租房，对于不买房而在租房的房客，房东地主们都应该脱帽致敬。毕竟，房客是房东的衣食父母。

美国的租房群体非常庞大。根据近几年的统计，美国差不多三分之一的人租房子住。全国人口现在是3亿3千万人，而需要租房住的人超过一亿人。美国的平均家庭大小是3.1个人，也就是说租房的有3千万个家庭。这个庞大的数字，还会随着人口的增长，每年会增加10多万个租房家庭。

所以租房市场会越来越紧俏，特别是大都会地区。这个趋势，是由社会的城市化和土地的不可再生性决定的。

多数大都会区的房租非常可观。比如加州的Santa Clara县，2019年的房租均值接近每月2400美元。有些热门城市，比如Mountain View的房租，比这个数字还要高出许多。

美国的房租也在不断上涨，这主要是受各种因素的影响，尤其是人口和通胀的推动。近年来美国每年的房租增长率达2%以上。有些人口稠密的地区，比如加州，年增长率更是达到了4%，几乎是全国平均的双倍速度。

拥有一个投资房，当然也需要支出。几项大的支出是贷款，地税，保险和维修。每项支出的具体金额取决于很多其他因素，比如所在的地区，贷款的数额和利率等等。具体的回报我们后面会仔细算算。

对有经验的投资者房东来说，一套房子是可以称为"摇钱树"的。即使是扣除所有的支出，依然可以产生可观的，每月达数百甚至到上千美元的现金流收入。

更重要的是，就像树会长大一样，这棵投资房摇钱树的收入，会随着时间的推移而逐步提高，房产也会变得越来越值钱。

所以，对拥有房子的房东来说，一套投资房就是一棵摇钱树。有几套投资房，可以带来每月数千美元的租金收入。对很多人和家庭而言，种几棵这样的摇钱树，已经足够基本生活了。

投资房的多种回报

有些对房地产不太了解的人，或者只有片面了解的人，会错误地认为投资房的回报率很一般，比不上股票等其他投资的收益。这种错觉多半是因为计算错误，不清楚投资房的各种回报造成的。

我先用一个实际例子来阐述这种错觉。假设一套投资房，买入时是40万的价格，各种维修手续费是1万，也就是总共花了41万。租金收入假设是每月$2500。

房价	$400,000
月租金	$2,500
每月花费	
房屋贷款（25%首付，3.5%利率）	$300,000
偿还贷款	$1,347
房地产税 (1.5%)	$500
房屋保险 ($800一年)	$67
HOA	$50
房屋维护维修 (月租8%)	$200
空置期 (1月)	$208
总计	$2,372
首付（25%首付）	$110,000
每月现金流	$128
租金的年回报（%）	1.4%
贷款本金偿还（每年，30年平均）	$10,000
贷款本金的年回报（%）	9.1%
房屋增值（5%每年）	$20,000
房屋增值的年回报（%）	18.2%
总的年回报（%）	28.7%

我们来看看花费，有哪些花费呢？我们下面的各种花费的假设，其实都比较多的。实际上，根据房子和地区不同，有些花费并没有我估计的那么高。

首先是贷款。因为是投资房，我们就按照25%首付来计算，有30万贷款。假设30年固定，贷款利率是3.5%，那么每月需要还贷款$1347。

其次是房地产税，假设每月$500。房屋保险我们假设每年$800，那么每月就是$67。

有些房子有HOA。虽然很多独栋房屋没有HOA物业费，我们这里保守点，假设HOA每月$50。

再有就是维修和其他费用，我们按照8%的房租来算，每月$200。另外就是空置期，我们假设每年是1个月空置，那么平均每月$208。所有的花费加起来，总共是每月$2372。

这套房子的现金流是多少呢？是$128。也就是刚刚有一点正现金流。

根据这些数据，很多人就认为这套投资房的回报很低。怎么算的呢？首先看投入的现金。这个房子25%首付，就是10万现金，加上1万的维修手续费，总共投入11万。

再看每年的回报。因为每月的正现金流是$128，每年就是$1536。年回报率是多少？1536除以11万，只有**1.4%**。很少很可怜对吧？看起来还不如无脑买国债，毕竟国债风险低还省心。

如果你真的相信上面的回报率计算，你就大错特错了。

我告诉你，这套投资房的实际年回报率远远大于1.4%，可以达到28%以上。更重要的是，每年还会快速增长，到第七年，可以达到年回报443%。你相信吗？

为理解正确的回报率计算，我们先看看投资房的几种回报。等你把这几项回报弄明白了，真正的回报率也就不难理解了。

回报一：每月的现金流。这个就是我们上面说的去掉各种花费后的现金流，也就是每月$128。注意，这项回报会不断增长的，因为房租会每年递增。

回报二：偿还贷款本金。每月的房贷还款额里面，会包含一部分本金的偿还。每月还多少本金呢？这个数额其实一直在变，会随着时间而不断增加。我们这里简单计算，既然贷款是30年，那么就假设每月还本金360分之1好了。贷款30万，那么每月平均还本金$833。

回报三：房产的增值。投资房的价值长期看会逐年增加，我们按照5%的年增值算，那么每年增值2万，每月$1666。

回报四：重新贷款再投资。随着房产价值的增加，你可以采用套现重新贷款(Cash-out Refinance)，这样可以贷出更多的钱。比如2年后房产增值4万，理论上来说你可以多贷出3万来。

回报五：省税，省税，省税。投资房在税务方面的好处很大。首先，你的房租收入基本是不需要交税的，因为房屋的折旧和贷款利息也算成本，最后你的投资房在税务局看来并没有产生收入，自然就不需要交税了。其次，重新贷款出来的钱也不需要交税。最后，当你卖房时，有很多种方式可以少交甚至免交税。

回报六：房屋管理的劳动收入。如果你自己管理投资房，那么你的管理和维修其实就是你的收入，因为你无需花费这方面的费用。还记得我们前面的计算假设了8%的房租作为维修花费吗？这里面的很大一部分就可以省下来了。还有就是这种管理可能带来税务上的好处，几乎等同于收入。

了解了这些回报，我们再回来算算年回报。这套投资房的现金回报，其实至少应该包括前三种回报：现金流，贷款本金偿还和房产增值。每月这三项回报是多少呢？$128+$833+$1666，是$2627。这样算来，每年的现金回报就是$31524！相对于11万的投入，年回报率是**28.7%**！

这个数字惊人吧？还有更惊人的呢。因为每年的租金会增长，而贷款还款额是固定的，所以正现金流会水涨船高。简单的计算，到第六年时，年回报率可以达到**35.7%**。

而且，如果你第六年时重新贷款，可以贷出多少呢？可以贷出40万多。那么这套房子你其实只付出了不到1万元现金。这样算来，年回报率可以达到**443%**。

如果你过几年再次重现贷款，可能这套房子你不但没有付出一分钱，反而空手套白狼贷出很多款。

这时候你再算年回报率，会是多少呢？没法算了，因为是无限大！

购买第一套投资房

通过投资房来实现财务自由，关键是要知识和实践的紧密结合。首先，我们要了解购买投资房的一些知识；然后就是实践，买第一套投资房。接下来就是通过这套投资房的购买和管理，总结经验，吸取教训；然后购买第二套，第三套，甚至十几套，来获取足够的被动收入。

古人说，"临渊羡鱼，不如退而结网"。羡慕财务自由人士之余，我们现在就来"结网"，从第一套投资房，开始踏上财务自由的道路。

位置，位置，位置

买房的首要考虑因素是位置。你一定熟知房地产投资的铁律 Location, Location, Location！房产的位置决定了租金，也决定了增值潜力，这是房地产业的头号规则。

可以说，只要选对好位置购买投资房，基本就可高枕无忧，数着钞票，静待涨租和升值。

那么什么是好位置呢？这个问题其实很大，我把它分成两个层次：第一层次是大都会区，第二层次是社区。

先说第一层次，大都会区和城市。你可能想问，为什么只考虑大都会区？原因很简单：人口和就业。城市化是趋势，大都会区聚集了众多的人口和就业；再加上有限的土地，导致房租和房屋增值都比较高。

美国总共有300多个都会区，但是一半的人口居住在最大的30个都会区。尤其是前5大都会区，聚集了近20%的人口，超过6千万。最大的是纽约地区，近2千万；第二位是洛杉矶地区，1千4百万；后面是芝加哥地区，达拉斯地区，休斯顿地区。

各个都会区的人口增减趋势也不一样。大体来讲，美国人口正在移入所谓的"阳光地带"，就是南部各州，尤其是南加州，亚利桑那州，新墨西哥州，德州，佐治亚州，南卡州，北卡州和佛州。

我个人特别看好德克萨斯州。美国前十大都会区，就有两个在德州：达拉斯地区和休斯敦地区，人口增长都很快，每年2%的样子。这两个地区，2030年可能会各有1千万人口，分别上升到美国第三和第四大都会区的位置。而现在排名第三的芝加哥地区，则可能会屈居第五，因为人口在流失。

除了要考虑人口的因素，各大都会区和城市的经济种类也大相径庭。有的地区是单一经济，比如拉斯维加斯的赌场和硅谷的互联网等。有的城市其实就是个大学城或者旅游地。一般来讲，经济门类繁多的地区，房地产波动相对会比较小，不容易受产业兴衰的周期影响。

第二个层次就是具体的社区了。这个层次可以用邮编或者学区来分，涉及周围几英里的范围。地理范围小，要考虑的因素却更多，包括大中小学，治安，居民人种，家庭收入，公司就业等等。

学校的质量自然不必多说，大家都很重视。但是我想提醒的是，最近因为美国学校的评分制度改变了，学校的评分已经越来越没有参考价值了。按照政治正确和平权思潮等要求，学校评分里面放入了几个和学业无关的指标。这些指标包括家庭收入和人种的考虑；所以学校的分数有时候其实是反指。

比如我们这边的一所学校，总分只有7分，看起来不够好。但是如果细看里面的指标，就会发现学生的学习成绩（Test Scores）是满分。另外一项指标（Equity）很低，只有5分。这个Equity是啥呢？是衡量不同背景（比如不同种族，不同收入，残障）的学生是否平衡发展。这项指标低，表明不同背景的学生没有得到平衡发展。这种评测方法，就和多数人理解的好学校坏学校的标准大相径庭了。

治安（比如犯罪率等）和居民（比如人种，收入）也是必须考虑的因素。治安差的地区不光增值空间有限，租金不高，甚至有财产和生命损失的危险。人类本质上也是群居的动物，一般人买房租房，会首选在同一种族的社区。所以投资房以后的租客，其种族和收入基本可以参照现有居民的种族和收入。

如何查这些数据呢？互联网时代，有很多网站可以帮忙。比如常用的city-data.com，就可以很方便的根据邮编（Zip Code）来查。我们用邮编94133来举个例子，Link http://www.city-data.com/，就可以很容易查到人种分布和居民收入分布。

最后，如果房子的附近有很多就业机会，比如有大公司，那么这个房子的租金一般会比较高。毕竟，每个上班族都愿意住的离公司近些，上下班方便，没有人会愿意浪费时间在通勤路上。

什么样的投资房值得购买？

一套投资房值不值得购买，有相当多的因素考虑。除了房子本身的因素（比如种类，价格，大小）和房子的外部因素（比如位置，州县，社区），自己的情况（比如看重升值还是现金流，多少管理时间）也很关键。我自己的体会是，要不要购买某个投资房，可能会考虑20个以上的因素。我们现在就讨论几个重要因素。

首先来看看房子本身。一是房屋种类，是独立屋，联排屋还是公寓。一般来讲，独立屋升值快，但现金流较差。独立屋的管理和维修也复杂一些。还有就是购买价格的考虑，这个主要取决于自己的财务状况和投资偏好。

一个房子的大小也有讲究。比如几室几卫，多少平方尺，地有多大等。这方面的选择要根据未来租客市场的定位。比如如果本地的租客群体主要是2个小孩的家庭，那么3个房间和2个卫生间就是最低配置。

面积小的房子，居住空间小，修理维护费会较低。地大的房子，活动空间大，但是草地的维护成本也较大。

还有一些因素，比如几个车库，房间朝向，建筑年代，装修风格等，对某些租客群体也有很大影响。

再看看房子的外部因素。地理位置当然是第一位的，我们前面讲了好多。一个好的社区的特点是整洁，安全，安静，方便。安全方面，要考虑人种情况，犯罪率，以及自住比例。社区如果靠近公园，图书馆，商场，小学等，生活会很方便，也都是加分项。

我们作为房主，自己的情况就更复杂了，也因人而异。我们每个人性格不同，可支配时间精力和人生规划也都不一样，这些都会影响投资房的选择。

投资房按照价格来划分，大体上分两类，就是我们俗称的白玉房和白菜房。前者高大上，价格高，房子大，社区上档次。这样的房子管理成本就低，因为碰到烂房客的机率会小，也不需要太多维修。弊端呢，就是现金流不好，经常是倒贴。而白菜房则正好相反。

买新房还是旧房？这也是个复杂的问题。新房的优势是较少维修，格局现代，好出租，当然也比较贵，这些道理都容易理解。这里面有个不容易理解的地方，就是房屋的增值空间。很多人觉得新房升值空间小，因为房子每年在变旧。多数情况下是这样的，但是有些情况不是。

如果某开发商在开发一片新区，那么售卖的新房往往升值很快。主要原因是社区越来越成熟，带动房屋增值。还有另外一个原因，就是开发商会强制房屋升值，这是怎么做的呢？因为成片的开发，不会一下子就把所有的房屋都建好，全部上市销售。一般是陆陆续续不断地出售的，比如每月卖3栋房。这样做的一个好处，就是建筑开发商不需要雇佣很大的建筑团队，从而降低成本。

一般来说，开发商会每过一段时间，同样户型的新售房屋就会涨价几千。这样不断涨价的定价策略是为什么呢？这样非常有利于销售，因为会给潜在购买者压力；客户怕涨价，会尽快购买。

前面说了这么多新房的好处，其实旧房也有很多优势。美国人其实非常能接受老房子，周围上百年的高价房比比皆是。很多美国人从小就住老房子，闻到老房子的味道觉得特别亲切，因为有种"外婆家的味道"。

美国房子建筑质量不错，百年老屋住得没有问题。我自己拥有过的两个自住房，也都是70年的高龄；但因为近几年装修过，并不觉得有什么问题。从这个角度看，旧房的折旧速度很慢，相对新房来说，这的确是一个优势。

还有一点是，多数美国人不那么喜欢千篇一律的标准房，反而更喜欢有个性和风格的房子。有的美国家庭，买到房子后，宁愿花十几万美元，把一套旧房按照自己喜欢的风格翻新，打造成一所独一无二的房子。

现金流和增值，哪个更重要？

一套理想的好投资房，当然是既有足够的现金流，又有可观的增值潜力。但是我们也知道，理想和现实是有距离的，鱼和熊掌很难兼得，多数时候并不能两全其美。

在这个话题上，对投资房的选择，以至于对投资的理念，基本上有两个门派。一派是现金流派，追求最大的现金流。另一派是增值派，更看重长期的增值，而可以忍受没有现金流，甚至是负的现金流。

虽然两派的偏重都有道理，但是我认为不同的人，不同的时间，应该因时制宜而遵循不同的投资理念。

这里有两层意思，第一层意思是投资人的不同背景。如果一个人有稳定的其他收入（比如有高薪稳定的工作），不依赖于投资房的现金流，那么这个人更应该采取重视增值的理念。反之，如果一个人的工作不稳定或者收入低，那么它最好加入现金流派。

第二层意思是，即使对同一个人，不同的年龄时和不同的环境下，也应该选取不同的理念。对一个刚刚踏入职场，处于职业上升期的年轻人来说，加入增值门派更合适。如果已经人过中年，想尽早退休了，那么他就需要转入现金流门派了。

我个人而言，人到中年，所以倾向于谨慎投资。我的理念是增值和现金流要二者兼顾。购买的投资房，首先必须不能是负现金流，就是不能倒贴钱。现金流不追求最高，但得有点。在保证这一点的基础上，增值潜力越大越好。

我来打一个比方阐释一下这个理念，如果把投资房比作蛋糕，那么现金流就是蛋糕的主体，而增值就是上面的奶油和点缀。奶油和点缀自然是越香越美越好，但是这块蛋糕显然不能只有奶油和点缀。

我上面所持的理念还有另外一层道理，就是风险控制。为什么投资房有正现金流特别重要？如果你只买一两个投资房，只把它们当作普通投资的一部分，并没有指望它们来实现财务自由，那么有没有正现金流嘛，其实也没有特别重要。因为你有其他的收入，比如上班工作的收入。投资房就算有负现金流，你完全可以用其他收入来补贴。

但是天有不测风云，人有旦夕祸福；如果哪天你失去工作，或者你因为种种原因不想上班了，那么你就没有工资收入了，自然就无力去补贴投资房了。这种风险是很现实也很致命的，所以我们必须考虑这个问题：没有其他收入的情况下，能不能保住房子不被拍卖？

我们知道，房市也是有起伏的，所以必须有能力长期持有房子，才能保证一套投资房最终有回报。假如只有一两套投资房，也许问题不大，就算倒贴，一般人也有些存款可以应对。但是，如果你有多套投资房，比如10套，那么这个问题就严重了。

如果你的财务状况依赖这些投资房，指望它们来帮你实现财务自由，那么现金流就变得至关重要了。负的现金流只会延迟财务自由的梦想。反过来说，如果这些投资房都有正现金流，那么几套加在一起就是很可观的收入。倘若这些收入可以满足你的日常支出花费，那恭喜你，已经实现了财务自由。

这个话题还有一个考量，就是贷款。房产增值大的话，我们就能在未来做重新贷款时，拿出更多现金来支付下一套房产的首付。这样会大大增加我们房产投资积累的速度。另一方面，现金流也会影响我们的贷款能力。正现金流会提升我们的收入水准，从而增加可贷款总额；负现金流则会增加我们的支出，从而降低我们的可贷款总额。

最后补充的一点是，同一套投资房，能不能有正现金流和有多少现金流，也是因人而异的。要想有好的现金流，房主就需要精打细算，严格控制房屋管理和维修成本。比如自己亲自管理，就可以省去第三方（PM）管理费用；选用靠谱的维修公司，会减少不必要的维修支出。

房屋贷款的申请

为了最大限度地提高投资房的回报率，我们购买投资房最好用上贷款。用贷款的好处很多，最大的好处就是杠杆，也就是用比较少的钱来撬动更多的贷款。

投资房的贷款额，一般最多是房价的75%；相对于25%的首付，是三倍的贷款杠杆。如果房屋增值，那么增值方面的回报率也就相应地提高了三倍。假设每年的房屋增值是5%，那么用上75%的贷款，那么增值方面的年回报率就是20%。

我们举个具体的例子，如果一套房子40万，房主首付10万，贷款30万，也就是房价的75%是贷款。若房价在一年后涨了10%，涨到44万，这套投资房的资金回报就是40%（4万除以首付的10万）。

关于贷款杠杆，多说两句。很多人对杠杆很惧怕，这是因为在其他投资领域，比如股票、期权等，杠杆的作用是放大收益和损失。如果使用不慎，杠杆会让股票投资人的账户更容易爆仓；所以说杠杆的确有利有弊。但是房贷的杠杆和股票杠杆却有本质不同。它可以说，好处很大，而坏处很少。收益方面，是帮你成比例放大了。但是风险方面，反而帮你减少了。一套投资房，既然你只是付了25%的首付，那么你的损失也就是最多25%。最极端的情况，是可以不要这套房子了，直接走开。当然我不推荐这样做。

用贷款的弊端当然也有，首先就是要付利息。但是现在房贷利率处于历史低位，而且预期未来利率会上涨。所以建议在购买投资房时，尽量多贷款。贷款比例高，自然首付就少。这样我们手里有限的现金，就可以多买几套投资房。这也是用贷款的另外一个好处。

或许你会担心，贷款这么多，会不会撑不下去？这个担心非常好，毕竟当年次贷危机时，很多人因为贷款太多而撑不下去。现在的形式如何呢？

我们注意到，现在的形式已经完全不同了。首先每套房子都要求有很大比例的首付，而且现在的房贷利率相对当时是非常低的。更重要的是，如今银行审批贷款的规则很多，审查也很严格，这就最大程度避免了次贷危机时的错误。

银行审批贷款的规则中，比较重要的一条，就是申请人的经济可负担性。这个规则有几个指标，一个指标就是你的总收入和总支出之间的比例，不能超出一个比例。一般来说，银行要求贷款人的总支出不能超过总收入的45%。

如何计算总收入和总支出呢？一个人的总收入有很多种，最重要的是工资和奖金。有些银行也会考虑公司发的股票，拥有投资房的租金收入，以及五花八门的其他收入。随着拥有越来越多的投资房，租金收入在贷款申请中也就越来越重要了。

投资房的租金是怎样计入收入呢？对于有2年出租历史的投资房，银行主要看往年的税表。短于两年的，一般就是用房租的75%作为收入。

总支出的计算就相对比较简单，基本包括房贷还款，HOA物业费，房屋保险和房地产税。

贷款有很多种，而且不同银行的贷款种类也不一样。我建议尽量选择30年固定利率的那种，因为大家普遍预期，未来中远期的利率会涨。

用贷款买投资房的另外一个好处是降低风险。一个投资房的资金投入主要来自贷款，这个比例可以达到75%。从这个角度看，银行是房子的最大持有者。而房主，因为只投入了25%，所以风险相对较小。如果因为某种极端原因而不想拥有这个房子，房主最多损失25%的首付投入。当然，这样做会损失信用方面的分数，不到万不得已，不要采用。

投资房的贷款条款选择

美国的银行业发达，关于贷款的规定也极为复杂。在选择贷款时，我们不仅仅可以选择不同的银行（Lender），也可以选择贷款的条款。比较重要的条款种类有如下几种。

首先是贷款的年限。常见的贷款年限是15年和30年。一般来说，15年的利率比30年的要低，比如低0.5个百分点。那么，15年或30年的贷款，选哪个更好？虽然看起来15年贷款利息低些，而且尽早还清贷款，何乐而不为？但是记住，我们的目的是尽快实现财务自由，就需要多买几个房子（后面会讲）来扩大投资规模。15年贷款的每月还款数额比30年贷款要多很多（几乎是两倍），会影响我们以后的贷款能力。所以，从投资理财的角度，房贷期限越长越好。不夸张的说，如果有100年的贷款，我们应该毫不犹豫地选100年。

其次是浮动利率还是固定利率。浮动利率就是ARM，固定利率就是Fixed。一般来说，我们要选固定利率的贷款。结合前面的贷款年限，就是30年Fixed。固定利率可以保证我们的投资房以后的贷款支出不会增加，也就降低了财务风险。我自己的所有贷款都是这种。

选择贷款时，有的银行允许贷款人花钱把利率买得更低，俗称的"买点"(Buy Point)。这种"买点"要不要做，就要看个人情况了。我的建议是可以买一点，但也不需要花太多钱在买点数上。利率的走向没人能准确预测，或许几年后利率还是会降低，到时候就可以重新贷款来免费拿到低利率。

影响贷款利率的因素（如何判断利率高低）

申请贷款时，银行或者贷款经纪会告诉你一个贷款利率。你要判断这个利率是否太高。如果利率合理，就可以进行下一步，正式申请贷款。如果利率太高，你需要考虑货比三家，试试其他银行和经纪。贷款的制度和规则很多，每家银行和每个州都不一样。为了简化讨论，我们只考了满足两房（房利美和房地美）的标准常规贷款。基本思路是，先了解几个权威机构的全国或州平均利率，做到心里有数，再做一些调整。

Bankrate.com

一个权威机构就是Bankrate.com。这个网站通常有两个全国平均利率，日平均（Bankrate.com Daily National Average）和周平均（Bankrate.com National Average）。

其中，日平均用的数据是满足以下条件的常规贷款：信用分数740以上，80%的LTV，自住房，旧的独居屋（不包括新建房）。

日平均是到结业时全日的平均，每日的利率可以在其网站上找到：华尔街日报每日刊登的贷款利率，用的就是Bankrate.com的日平均。

房地美Primary Mortgage Market Survey (PMMS)

Freddie Mac 每周发布的PMMS 贷款利率,也是非常权威的一个基准利率。它用的数据是满足以下条件的常规购买贷款:80%的LTV,自住房,独居屋。

这个利率是每周平均(准确地讲是周一到周三的平均),如下图所示。

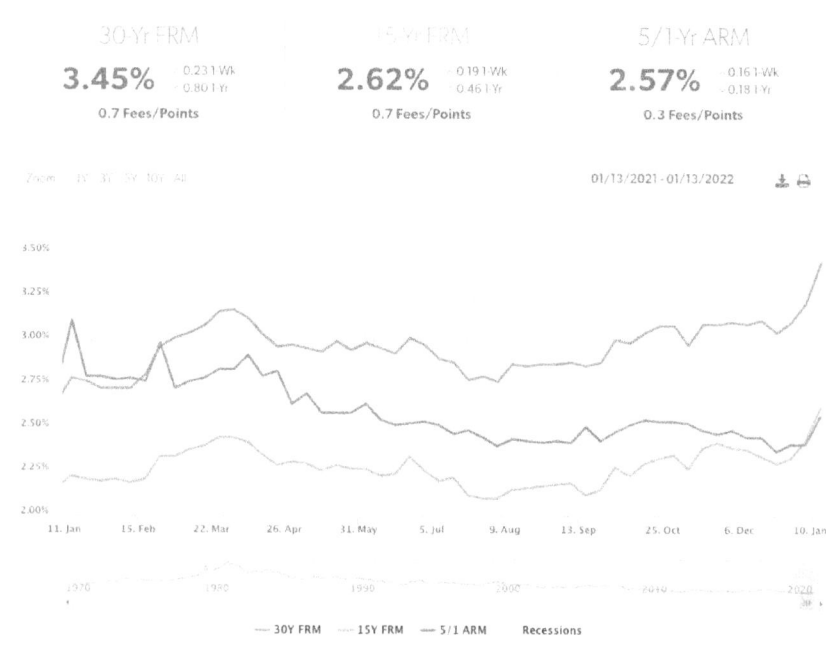

利率和费用的调整因素

我们实际拿到的利率以及贷款费用是需要考虑很多其他因素的。第一个因素就是实效性。不管是Bankrate.com的周平均利率,还是Freddie Mac的PMMS利率,都是一周的平均;而实际利率每天都在动态变化,也就是说有时上周的数据已经无法反应今天的实际情况了,而最新的数据还没出来。那咋办呢?唯一的办法就是跟踪十年债券收益率的每日波动情况;因为贷款利率与十年债券收益率有很强的关联性，如果现在的十年债券收益率比一周前高，意味着现在的贷款利率可能比一周前要高；反之，则比一周前要低。

还有其他很多因素都会影响利率和费用，比如：
- 申请人不同的信用分数
- 抵押房屋的LTV值
- 投资房还是自住房
- Cashout Refinance还是non-cashout
- 2~4单元还是SFH，Condo
- Second Home还是Investment
- Points的选择
- Lender有关的费用
- 其它

两房机构（Fannie Mae和Freddie Mac）有统一的费用调整标准。基本上就是，每一种非标准化因素，会增加一笔额外调整费用（调整费用类似于points，不是利率）。

举个例子：比如不同的LTV，信用分数是740以上，75% LTV是的费用是0.25%，80% LTV是的费用是0.5%。

归根结底，贷款市场也受自由市场经济的制约，当然也受供求关系的影响。比如，也许加州有很多的lender，相互竞争，所以加州的利率可能会稍微低些；而同时德州的lender比较少，会抬高利率。

所以，根据权威机构的基准利率，加上由调整费用（包括point，以及closing cost）转化的利率差，我们自己很容易知道一个lender的报价是否靠谱。同时还是要货比三家，多问几个lender，找到利率和费用最好的。

经纪人的作用

房产的购买和过户是很复杂的事情。因为房产交易牵扯大量资金，这方面的法律法规也很多。在美国购买房产时，买方和卖方都需要一个经纪人（代理人）。买方经纪人会帮忙看房，出价，下Offer，过户等。这个买方经纪人的职责，就是为购买者的利益出发。

一个合格的经纪人起的作用相当巨大。买方经纪人需要对相关的区域和社区有良好的掌握；会帮你寻找合适的房源；会证实卖家及其经纪人提供的信息；能够且乐于向你提供忠告，发现房屋的潜在问题；会将你看中的房子的相关信息做横向比较，以免你出太高的价格；会帮你和卖方经纪人谈判砍价。

有经验的经纪人对相关合同和法律法规非常熟，可以带领客户把握好节奏，完成各项程序从而顺利过户。买方经纪人往往也熟悉相关的其他经纪人，比如贷款经纪，可以帮助客户取得合适的贷款，及时过户。

经纪人的作用，对初次买房的人特别重要。首次购房者对房屋买卖的各项手续、产权问题、税务问题、交易流程等，都非常生疏。没有专业的经纪人帮忙，很难达到最佳的安排，还可能会使投资受到损失。

买房经纪人在房屋买卖的过程中，是有中介费（佣金）的。中介费的多少，一般是房屋成交价的一个百分比，比如3%。各州的情况不同，而且具体的百分比也是可以协商的，是在卖家和卖方经纪人签署卖房代理协议时确定的。买卖双方经纪人的中介费都是卖方出的，不需要买方出一分钱。在房产过户后，卖房的收入会首先扣除中介费和其他费用（产权保险，地产税等），然后剩余的资金才打入卖家账户。

有些购房者会直接找到房子的卖方经纪人，这是法律允许的。这种情况下，卖方经纪人就同时代表买卖双方。但是要知道，他的职责主要是保护卖家的最大利益，所以很难保护买方的最大利益。并且，一旦卖家发现这个经纪人在帮你砍价，是可以起诉这个经纪人的。所以，如果可能，尽量不要陷入这种困境。

房屋过户的过程

等买卖双方签了购买合同后,接下来就要过户了。过户的过程挺复杂的,所以需要有个第三方过户托管公司(Escrow)来帮忙。过户托管公司属于独立中间人,负责保管所有交易相关的资金,指令和文件,包括定金和贷款文件等,是交易中各方的共同指令得以遵守的桥梁。过户公司在房产交易中需要处理两大关键问题:一是产权是否清晰可售;二是交易资金是否安全。所以过户公司的存在,会让买房过户的过程更安全,更顺畅。

为了描述方便,我把整个过户过程分成5步。

第1步:交定金。在买到房子后的几个工作日内,要把定金打给过户公司。定金的数目,一般是房款总额的3%。这个数额在合同里有规定。

第2步:办贷款。购房者拿到成交的买房合同,要尽快找贷款银行。一般是询问两三家银行,做一番比较之后,就要决定一家合作的银行,让他们给你锁定利率,并正式开始办理贷款。

哪家银行最合适呢?首先看利率,越低越好。100万的房子,20%首付的情况下,3.75%比3.5%利率,三十年一共多付4万多的利息。但是光看利率是不够的,其它费用也很重要。这里面涉及到好几种的费用,不同银行之间能相差几千到一万。怎么综合比较这些费用,挑出最好的报价,是一门学问。

第3步:买房屋保险。房屋保险能够覆盖一个房子有可能经历的很多意外,包括很多自然因素,人为因素以及意外情况的损失。购买保险的过程,类似于申请贷款,也是货比三家。你可以去保险公司的的网站直接购买,也可以找一个保险代理代为购买。

如果你已经有其他类型的保险,例如车险、租房保险等,就可以考虑去找同一家保险公司,经常会有优惠。

最后,确定保险额度的时候,保险公司会问到关于房子各种各样的问题,比如房顶材料年龄,地基构造等等。很多需要的信息,可以从房屋的检查报告或者价值评估报告得到。

第4步:提交各种文件。购买者要配合银行的要求,提供各种文件和安排房屋的估值。有HOA的房子,需要向物业管理会拿到相关文件。这些事情虽然繁琐,但没有难度。

第5步:去签字,拿钥匙。当贷款事宜搞定后,你需要把资金(包括首付和其他费用)转账给过户公司。如果是Wire的话,要注意仔细核实转钱的账户,防止被骗。我就听说过骗子冒用电邮,发一个假的转钱账户给买家。有的买家被骗几十万,就是因为把钱转给了骗子的账户。过户的当天或者前两天,去签字,有厚厚的一沓文件等着你,都是和交接产权相关的文件。签好之后,过户公司会去政府那边做登记。登记完成后,你就正式成为房子的新主人了。

维护和打理投资房

房屋保险

作为房主和房东,我们必须买适当的的房屋保险。在美国出租房屋时,陷阱和坑也很多,比如租客甚至会因为种族歧视等问题来控告房东。这些情况下,只要购买了合适的保险,房东就会得到保险公司的理赔。所以如何购买合适的保险,需要结合自身和房子的实际情况,并搞清楚保险的条款。

和自住房的保险类似,投资房的房东保险里面会包含如下几项内容。一是房子的重建费用。如果房屋遭受火灾等自然灾害,保险公司会支付重建房屋的费用。一般来说,保额必须达到重建房屋的要求。这里的重建除了房子本身,也包括必要的附属设施,比如栅栏,游泳池和草地等。

第二项内容是租金损失。有些灾害,或者房屋重建和维修期间,租客不能住在里面,会导致房东的租金损失。所以保险公司会付给房东这部分损失租金。不能居住的原因会有很多种,除了灾害,还可以是严重的霉菌、白蚁、老鼠出没。为了避免太大的损失,这一项也不能省。

第三项内容就是责任险。如果任何人在这栋房屋里面受伤,那么就可能造成一系列的费用,比如医疗费,律师费等等。注意的是,这里的任何人包括房东、租客、客人甚至行人。责任险就是保这种索赔的,所以非常重要。

美国保险业非常完善,有很多家保险公司可以选择。大的公司比如Farmers, SafeCo, State Farm都很常用。选择保险公司时候,要考虑多种因素,比如保险公司的实力和信誉,保额,价格等。因为不同保险公司的业务范围和覆盖地区不同,最好多询问几家,并咨询朋友的经验。

选定保险公司后,具体的保险细节也有学问,比如自付额。如果选定自付额是5千,那么比如说是2万元的屋顶理赔,那房东要先付5千元, 保险公司付剩下的1万5千元。自付额越高,相对的保费越低。

保险费方面，保险公司往往会有很多种优惠，比如在招租时如果对租客进行选择，对房屋定期维护，通过房屋管理公司来管理，租约不允许租客抽烟等，这几项都可以拿到一些折扣，从而降低保费。我的房屋保险经验是，最好选择实力强的公司，并且在本州有相当多的业务。实力强的公司在保险理赔时比较有保障，而且业务流程非常规范。如果你有其它种保险，比如汽车保险和其他房屋保险，最好选择同一家保险公司。这样自己管理起来方便。而且因为同时有多个保险，你就是保险公司的"大客户"了，保险公司往往会有保费优惠，对你的服务会更上心。

房屋保险的理赔会不会增加未来的保费呢？要看具体情况。有些索赔，尤其是频繁的索赔，的确会让保险公司认为这个房屋的风险较大，会提高保费，也就是所谓的涨保险。但是如果保险索赔是由一个地区的普遍灾害导致的，那就不是这套房屋和房东房客的问题。这种情况保险公司就不会涨保险。一个例子就是北德州达拉斯地区的冰雹。如果冰雹造成屋顶的索赔，保险公司并不会特意给这套房屋涨保险。保险公司会根据整个地区的灾害和索赔情况，适当地调整所有房屋的保费。

和保险有关的事情还有很多讲究，值得学习思考。发生保险覆盖的事故后，比如屋顶损坏，要及时联系保险公司。在美国，人工很贵所以对小额的理赔，保险公司经常就是电子邮件和电话进行。在和包厢公司沟通时，要时刻提醒自己不要乱讲无关和多余的信息；否则会适得其反，甚至导致拒赔。保险公司基本只想确认两个因素：一是你的事故是否真实；二是事故原因是否保险覆盖。对于第一个因素，一般提供照片就可以。对第二个因素，如果他们能够找到不需要理赔的理由，他们就会拒绝理赔。如果两个因素都确定无疑了，对于几百几千的小额索赔，保险公司很多时候就直接给你一张支票，非常爽快。

再比如，一个事故发生后，是否值得我们去索赔呢？这个问题也很有意思。我们知道，索赔后，很多时候会导致明年的保费增加；毕竟保险公司也是要赚钱的。比如一个事故的索赔，导致保险公司赔付三千元；那么来年的保费有可能涨四百。如果你只有一个房子，那么这个保费的增加，相对于理赔金额，还是小数目；所以值得索赔。但是如果你的房子多了，而且都在同一家公司，那么如果所有的房子的保费都增加，加起来或许导致保费涨价好几千，就非常不值得了。所以要考虑你自己的具体情况。

房屋的地税

我们购买的投资房，无论是独栋房还是联排屋，每年都需要缴纳房地产税。房产税在大多数州都是一笔不小的支出。在加州，一般是房价的1.2%左右。比如房屋的价值是1百万，那么每年就需要缴纳1万2千元左右的房产税。

美国各州的房产税率差别很大。夏威夷、阿拉巴马州和路易斯安那州的房产税税率最低。夏威夷州的房产税只有0.3%。与此相反，新泽西州、伊利诺伊州和新罕布什尔州的地税税率最高。比如新泽西州，会达到2.5%。

房产税是按照一栋房屋的税基征收的，税基每年会随着房价调整。既然房价多数年份都是上涨的额，自然房产税也因此逐年增加。

房屋税基的确定也很有意思，有的州规定，房产过户时候的价格就是初始税基，但其他州（比如德州）会由当地政府自行决定房屋的税基。

某些地区，对某部分人的房产可能会有一些房地产税减免优惠。最常见的减免条目是家园地税豁免，也就是对居民自住的房屋，可以豁免一部分价值的地税。

如果房主觉得房屋的税基太高，是可以向政府提交申请进行重新评估，甚至降低税基。各县都会有相应的手续规定，包括申诉时间，并提交材料来支持。什么样的材料呢？一般是你的房屋附近的近期成交价。

我们来看看两个州的例子：加州和德州。加州不管是哪里，州地税都是1%左右。加州各个县和市会有附加税，但是附加税基本来说在0.06%到0.25%，也就是说实际房产税在1.06%到1.25%之间。而且加州还有法律规定，每年房产税增加不能超过房价增值的2%。

德州的房产税很特别。德州不征收个人所得税，所以政府的收入几乎全靠房产税和消费税来维持。德州也没有州层面的房产税，只有县市自己决定税率。而且德州有个学区税。

作为房主，我们要及时缴纳房产税。如果不按时交，政府会加收罚金。如果连续几年不交，那么政府会把房屋拍卖，房主就会失去房屋的所有权。

房屋的HOA

HOA，是屋主业主协会(Homeowners Association)的缩写，类似国内的业主委员会。但是和国内业主委员会不同的是，HOA拥有很大的权利，因为它是美国正式的法律实体。不同小区的HOA，具体的职能和作用很不一样。但它的目的主要是保障业主的共同的权益，完善和管理公共设施。

HOA需要一定的经费维持职能，所以每户居民需要缴纳会员费。HOA会制定预算，并决定如何最好地分配这些资金。一般HOA费用越高的，管理越全面。有的HOA费用里面会包含屋顶的维护和修理，有的甚至包含水费。一般来说，HOA会负责公共区域的维护，比如绿化草地，铲雪，垃圾清理，小区大门等。有的小区会有便利设施，比如游泳池，健身中心，会议中心，这些也是由HOA来维护管理。我们房主需要及时缴纳HOA费用，因为按照法律，不缴纳HOA会带来处罚，包括失去房屋。这是因为HOA的条款里面，一般都会规定，如果欠费，HOA有权处置拍卖房屋。拍卖房屋的所得，会优先支付HOA欠费以及房地产税等。

有些HOA会有很多限制：比如小区是否可以养宠物、前后院能否改动、外墙的颜色、栅栏的高度，是否可以插旗杆、屋外悬挂的物品、花草品种等等一切可能都会有规定。

还有的HOA会有出租控制（租控），就是不允许房主任意出租房屋。具体的租控规定有多种，一种常见的规定，是只允许小区里面一定比例的房屋出租，比如25%。这样做的目的是保证整个小区的利益，因为租客相对于屋主而言，流动性大，而且可能素质不高。自己住在这里的屋主，会不希望小区里面有很多租客。还有很多公寓不允许短期出租，租期至少要6个月以上，所以不能做Airbnb。

对于我们投资人来说，我们购买出租房时候，必须问清HOA的情况，包括费用和租控制度。否则的话，如果买了一个不允许出租的房子，那可真是欲哭无泪了。

有些人不喜欢购买有HOA的房屋，原因可以理解，毕竟HOA是一笔额外的支出。更让人郁闷的是，HOA的费用会随时间节节升高，一般每年都会增加。而且HOA的各种限制有时会让屋主非常厌烦。

但是也有些人喜欢有HOA的房屋，因为HOA的存在，的确带来了很多好处。HOA管理优秀的小区，一般非常整洁漂亮，这方面会增加房产的价值。很多租户和房主也喜欢HOA提供的各种便利设施和活动，比如街区派对，节日聚会等活动，这样可以增加生活色彩，增进邻里关系。

房屋的维修

其实很多人都知道购买投资房好处很多，但是却害怕管理投资房带来的麻烦。这个担忧确实有道理，投资房的管理的确需要我们花心思。但是天下没有免费的午餐，要想通过投资赚钱，并且有好的回报，必须得投入精力。

投资房管理的两大头疼之处，就是房屋维修和房客管理。再小的投资房也是麻雀虽小，五脏俱全。无论新旧，一套房子有很多地方可能出问题。

新的投资房，一般不需要太多修理，只要注意定期观察保养就可以了。比如白蚁的预防，屋顶树叶和雨水的清洁，空气滤网的更换等。旧的投资房，维修的概率就大多了。

当进行房屋修理时，要尽量从长远考虑。比如设计和用料，越耐用和容易维护越好。比如地面，建议把地毯换成防水的复合地板，因为地毯非常容易脏，而且难以清洁。

房屋的屋顶虽然有多种，比如沥青瓦和金属，但都可以用30年以上。屋顶换新的费用很高，动辄几万元；但是平时一般不会有问题。前后院的围栏寿命也可以有几十年。如果是小的毛病，比如晃动，可以只加固晃动的地方。整体换围栏价格不菲，几十元一尺。一套房子全部围栏都换掉的话，预算几千元是很正常的。

洗浴，马桶，以及下水道出问题的几率不小。好处是这些维修花费不大。一次服务一般1百2百元。

房子的电器设备，常见的有热水器，空调，冰箱，炉子烤箱，微波炉，洗衣机，烘干机等。微波炉很便宜而且很耐用，是小问题。洗衣机和烘干机是可以不提供的。甚至在很多地方，房客普遍都有自己的烘干机和洗衣机，搬家就会带来。热水器，冰箱和炉子烤箱都不昂贵，几百元就可以买个全新的，而且可以用10年以上。比较昂贵的是空调。空调虽然也可以用10年甚至20年以上，但是如果不合理使用保养，比较容易出问题。

前后院的草坪和灌木的修剪和维护，一般可以请园丁每半月来一次，一次几十元钱，并不贵。

树木比较麻烦，砍树和修建的价格不菲。大点的树，修剪一次要好几千元。如果要砍树，一定要请专业的砍树公司。树木还有一点麻烦的地方是，如果离房子的地基很近，树木的根部会影响地基以及地下的管道。所以最好种植那些根往下长的树，这个可以请教专业人士。如果是落叶树，每年的落叶清扫也要定期进行。

还有一些地方，比如车库，门窗，窗帘，墙面，橱柜，楼梯，风扇，台阶路面等，这里就不一一展开了。

总结一下，对投资房的维修和维护，一是要及时，避免造成更大的损害。二是用的材料要实在，耐用，简单。如果能够自己动手最好，既省钱又放心。

招租和房客管理

投资房的现金流来自于房客的租金。从这个意义上说，房客是我们的衣食父母，他们在为我们打工。所以我们要善待他们，尽量和他们保持好的关系。

俗话说，和气生财。和房客的关系处好了，会有各种益处。一方面是精神上，关系紧张的话，房东的精神压力很大。另一方面，和谐相处的房客会尽量不麻烦房东，也不会破坏房子。对房东而言，这样的益处就是实实在在的省钱了。

但是，我也不建议和房客做生活上的朋友，建议只保持专业的房东房客关系；房子的事情上互相理解，但仅限于此。

为什么最好不做生活上的朋友呢？道理很简单，我们知道普通的人际关系也是要有个度的，如果走得太近，会产生其他问题，比如常见的羡慕嫉妒恨。房客如果对你的生活知道太多，比如房客意识到你的收入远远超过他们，那他可能会有不健康的心理，从而影响在房子上面的事情，比如要求减租等。这样的事情我见过很多。另一方面，对租客的生活了解多了，你可能会有世界观颠覆的感觉，因为不同的阶层、种族和世界，很多习惯和心理千差万别，房东很难理解房客的一些做法和想法。

租客哪里去找呢？现在互联网发达，有相当多的网站可以去贴招租广告，比如Zillow。这些网站收费不高，操作方便，用户也很多。我一般就是用Zillow，直接上传照片，介绍房子状况等。这个网站上面也可以直接让租客填写申请和提供其他材料。也有些房东喜欢用房产中介来招租，这样做也有一些好处，比如不需要自己去开门让租客看房，省时省力。

有租客申请之后，房东需要做筛选，才能选出合适的租客。租客筛选得当与否，直接关系到你的投资房是有正现金流还是负现金流。

在与租客签约前，严格把关，只批准最好的租客，这点显得格外重要。

租客筛选学问也挺大，一般需要看这几方面：信用分数、薪水收入、工作经历、犯罪记录、驱逐纪录、前房东评价。第一是薪水收入和工作经历。我们一般要求房客的月收入达到房租的三倍。比如，你的房子月租1千美元，房客的月收入则不能低于3千美元。一个租客的房租负担过重，容易导致将来欠租。租客薪水收入多少，我们需要验证，比如看过去几个月的工资单。

与薪水收入相关的，是房客的工作经历。为什么呢？我们希望房客的工作是长期稳定的。如果租客长时间无业，或者频繁更换工作，或者工作领域总变换，那他的工作和收入就不会稳定，租给他就很有可能时常欠租。

第二项是信用分数和犯罪记录。一个人的信用分数，通常在300到850之间。我一般要求650分以上。这样的房客一般平常都按时付款，那房租应该也会按时收到。

关于犯罪记录和驱逐记录。有这两项纪录的，一般直接拒掉。租给犯罪份子，可能会给你带来无尽的麻烦和无谓的开支。比如你会希望你的房子里有人买卖毒品，天天人来车往吗？邻居也会不满。同样，有被驱逐纪录的房客，建议你一概不予考虑。不是说被驱逐过的人和犯过罪的人就完全没有改好的可能，而是说你作为房东，要在出租房上面获取稳定的收入，最好是避开这些人。房客驱逐起来也是一件费时、费力、伤神、还破财的事。

最后也考虑之前和现在的房东的评价。当然，不是每个房客都会老实的告诉你现在房东的联系方式，往往会让朋友冒充房东接你电话和邮件。一些小白问题比如"按时付款吗？"这样的问题很容易作假。最好问一些他们难以想到的问题，比如"他什么时候搬进去的？什么时候搬走的？" 当然，真正的房东也可能撒谎，目的就是想让这个房客赶紧搬走，把这个麻烦扔给你。所以也不能完全依赖前房东的证言。我的经验是，和前房东（就是现任房东之前的那个）联系。因为前房东早已经脱手了这个麻烦，一般不会撒谎。

筛选房客，像一门艺术。虽然我们有各种问题和检查，但还是有可能碰到烂房客。作为地主，我们一定要综合考量，用心思考，尽可能从源头上不让烂房客搬入，就可以避免与烂房客打交道。

选好房客后的租约，要按照当地的法律，不要有漏洞。比如有的州需要告诉房客房子有没有含铅的装修。

租约里面尽量详细说清房东和房客的责任，尤其是和钱及安全健康有关的条款，要特别注意。一般来说，我们会要求租客购买自己的租客保险，这样会降低房东风险。

房客入住之后，如果是个好房客，就尽量留住他们。因为如果他们搬走，你又要招租筛选，一切都要重新来一遍，你要付出时间和精力，很麻烦。

更重要的是，换房客就会有空置期，而且一般你也需要打扫维修房屋才能再次出租，这些都会增大支出，降低收入。我的经验是，每次换房客，一般就需要付出一个月租金的代价。

如果不幸碰到烂房客，你可以考虑驱逐。房客驱逐的法律和规定每个地方都不一样，你最好仔细调研。在保护房客的蓝色加州，驱逐房客要求和限制很多。按照程序，一切顺利的话，大约需要两个月时间。有的红色州会比较对房东友好，两周时间就可以把烂房客驱逐的州也存在。

从1套到10套，再到10+套投资房

为什么需要多套投资房？

我们购买投资房的目的，是用投资房的被动收入，来实现财务自由。一套投资房自然是不够的；我们需要多套投资房，才能实现真正的财务自由。

海外的华人，都是勤俭持家的，相当大比例的华人家庭有投资房。多数华人家庭的投资房数目并不多，比如一两套。投资房对他们更多的是一种额外投资和收入，并不能靠这为数不多的投资房实现财务自由。

我们很多人上学时，都学过关于"社会阶级"的理论。我们今天就借用一下这个概念，根据投资房的套数，来简单地划分一下"阶级"，以方便理解投资房的多少，对我们生活和财务目标的影响。声明一下，这种划分没啥科学依据，就是为了简单直观。

当然，处于不同"阶级"的家庭，因为出租收入不同，在财务自由的路上位置也就不同。

投资房有高端也有低端，每套投资房的租金收入自然也是千差万别。同样为了简单直观，我们就假设一套投资房的价值是50万左右，可以产生每月1千多元的现金流。投资房也会有不同的贷款数额，我们就假设每套的平均贷款是30万。

我也知道，中国几十年前的这种阶级划分方法，争议很大。我纯粹是为了方便分类不同的情况而采用，并无褒贬之意。我把没有投资房的家庭暂时定义为"贫农"阶级，而把有投资房的家庭分成五个阶级：中农、富农、小地主、中地主、大地主。

中农：1-2套房。这个阶级的华人家庭最多，估计占了整个"非贫农"群体的一半以上。这种家庭的投资房净资产约50万美元，每月有两三千元的被动收入。

中农的这点被动收入，自然是不能财务自由，但却是一笔不菲的额外收入。这笔收入可以让主人手头很充裕，有一些略显"奢侈"生活，比如来几次度假旅游等。

到了退休年龄，手里有两三千块钱的租金，总比单靠退休金勉强维持生活强很多，不至于仅靠一点退休金而凄惨度日。

富农：**3-5套房**这种家庭的投资房净资产可以达到一百万以上，已经算是富裕的了。每月的被动收入可以有五六千美元，基本可以满足一家人的日常生活需要。

这种家庭已经不担心暂时的失业，工作上的心态很好，不太担心工作被老板炒鱿鱼。实在工作累了，可以休息一段时间再找下一个工作。

小地主：**6-10套房**。这种家庭的投资房净资产可以达到两百万或三百万以上，已经算是相当富裕的了。每月的被动收入可以超过一万美元，轻松满足一家人的生活需要。

这种家庭已经可以接近财务自由的状态；已经没有太大的失业压力；工作不高兴的话，甚至可以随时炒老板的鱿鱼，不会有太大的犹豫。

中地主：**11-20套房**。相对于小地主，中等地主的投资房净资产可以有四百万或五百万以上。每月被动收入可以达到两万美元，可以说，已经实现了财务自由，可以不用上班了。

这种情况下，上班的主要目的，已经不是为了赚钱，更多的是喜欢有工作的稳定生活感，不至于无所事事。

大地主：**20套以上投资房**。这种大地主有相当大规模的投资房，投资房净资产五百万起步，可以算是真正的"土豪"了。大地主手里的投资房数量方差很大，少的二十几套，多的上百套。但无一例外的是，自己的财务自由的目标早已实现，而且肯定会有大笔财富传承后代；可以说已经躺赢了。

做到大地主这个层次，多半不是靠个人努力，而是靠命运和天时，比如赶上一两次房地产周期，并且果断地在房价低谷时候（比如2009年到2011年），有资金并且果断大规模抄底。

我们其实并不需要达到这个"大地主"阶层，因为我们努力财务自由的目的是生活幸福；而大地主们，可不一定会生活幸福；手握20套以上的投资房，如果每套房子都事必躬亲，要操心的事情是很多的。我们的目标是从没有投资房的"贫农"开始，尽快进入中农和富农的阶层；甚至再适当努力，进入小地主或中地主的行列。

从一套到多套的BRRRR操作

对于没有很多现金的普通人，要在较短时间内连续购买投资房，实现从一套到多套的目标，经常要用到BRRRR的概念。BRRRR是

Buy（购买），Renovation或者Repair（翻修），Rent（出租），Refinance（重贷），Repeat（重复）这几个单词的首字母缩写。具体来说，采用BRRRR来购买投资房是一套完整的操作过程。首先是买入房子，之后进行一定的装修和翻新。维修装潢妥当之后，出租给房客收租金。等到这套投资房有了增值之后，再重新贷款套现，这样就有了购买下一套投资房的首付。然后一直重复这个过程。这个操作过程的每一步，都可以尽量优化。我们一步步地介绍一下。

第一步：购买。购买投资房时，买到的价格非常重要，最好买到一个比市场价低的房子。比方说一个房子值20万，那么购买价最好是18万、19万的样子。

如果一套房子的价格买高了，后面的BRRRR步骤就不太容易做下去。比如说，你22万买了这套价值20万的房子，又花了3万去装修，结果到重新贷款的时候，银行比较保守，可能只给你评估了20万。这样的话，你投入的现金首付就很多，而且后面就不容易有首付买下一套投资房了，而且再重新贷款的套现额度也会受限制。

怎么样才能买到价格低于市场价的房子呢？首先可能是房子状态不好。一般来说，一套市场上在卖的房子，如果状况不是很好，需要较多维修，那么价格就会比较低。另外，有些没有放到市场上的房子也可能低价买到，比如法拍屋，遗产房等等。

第二步：翻修。这个步骤其实不是必须的。如果你买的房子状况好，比如是新房，那么自然就不需要翻修而直接出租，这样就可以省略这一步。

如果前一步你买到了便宜的房子，那很有可能这个房子条件没有那么好，别人都不和你抢。卖家无可奈何之下，便宜卖给你了。这也意味着你拿过来之后，会有很多的修理和装修工作。或者你可能想把房子的格局优化一下，装修升级一下，以利于提高租金。

修理装修这一步如何优化呢？要尽量做到成本和质量的价廉物美。否则的话，如果房客住进去之后，房子老是出问题，那么自然就三天两头找房东，抱怨水管有问题、电路有问题、地板有问题。作为房东的我们，就要付出更多的时间和精力，还有很多额外的修理花费。所以做翻修的时候，要选择采用比较经久耐用，但看起来还不错的材料。

举个例子，地毯建议换成防水的复合地板。因为地毯很容易脏，每年都需要清洁，过几年就需要换新的。而现在很多耐用的复合地板，十几年甚至20年都不需要维护和更换。

除了控制翻修的质量和成本，时间方面的控制也很重要。比如别人3个月就翻修好了，而你却花了1年才修好，那就影响了购买下一套投资房的速度。房市也如商场，你也有竞争者；如果别人整个BRRRR的周期比你短，你也就处于劣势了。这样的后果，就是你的财务自由的目标只能推迟几年实现了。

第三步：出租。装修好了之后，这套投资房就可以出租了。如何出租，如何筛选和管理租客的学问也很多。

这一步的关键是找到靠谱的租客，从而尽量降低我们管理的时间成本和维护成本。什么样的租客靠谱？按时付房租，让你省心，帮你维护好房屋的租客就是好租客。

找租客的审查过程是必须的。你需要仔细调查申请人的背景，包括收入、信用历史和犯罪记录等。如果租客平时会维修东西，那是加分项；因为房屋的小问题他自己修就可以了，不麻烦你。所以原则就是找一个"正常"家庭或个人住进去，不给你添麻烦。

第四步：重新贷款。这一步的目的是利用房屋增值的机会，从这套房子里面贷款套现出来，从而购买下一套投资房。

这一步很多第一代移民不理解，不懂为什么可以套现出来。在美加澳这样的资本发达的国家，房子是可以作为抵押物重新贷款的，和现在你有没有贷款，以及所剩贷款数额，都毫无关系。这种贷款叫"Cash Out Refinancing"，顾名思义，就是可以把房子的Equity换成现金取出。取出来做什么银行是不管的，你可以拿来再投资。

重新贷款能够套现出多少资金呢？这取决于好几个因素。主要因素是你的房产估值。一般银行会允许贷出估值的75%。如果房屋增值了，自然你就可以套现贷更多款出来。

除了房屋增值的多少，贷款利率也很重要，利率的高低能决定你能不能"以房养房"，能不能让这套房子产生现金流。所以，贷款额度和贷款利率，都影响到你这一步的成败。

第五步：重复。这个很直白，就是重复做这些事。

这一步的重点，是迭代速度和迭代次数。如果重复这个过程的速度很快，那么你就能一定时间内买更多的投资房，尽早实现财务自由。

你能重复这一过程的速度有多快，以及能重复多少次，跟前面这四步顺不顺利有关系。也就是你房子的现金流有多少，重新贷款能套现多少等等。

我们用一个实例来说明一下，重点理清重新贷款的那一步。

假如你买的第一个投资房价值是24万。你首付6万，贷款18万。房子需要翻修，所以你花了1万翻修。然后房子出租，并每月有正现金流$300。这就完成了前三步。

过了一段时间，房子增值了。加上你当初购买的价格较低，我们假设过了2年，这套房子市场价32万了。按照银行规定，你可以贷款75%出来，也就是可以贷款24万。

我们看看原来的18万贷款。因为已经偿还本金1万，就只剩17万贷款了。那么你如果重新贷款，就可以立即拿到7万的现金。你可以立刻用这7万现金，作为首付，购买下一套出租房。

再假如你还是购买24万的投资房，首付6万，翻修1万，刚好把前一步拿出来的7万现金花完。

如果你重复这一过程，每两年就可以购买一套出租房，并增加现金流$300。这样重复下去，10年下来，你就有了5套出租房，每月$1500的现金流。

很多人都有其他收入，比如上班的收入。那么上述的重复过程可以大大加快。有其他收入的好处是积累现金快，不会因为没有首付，而需要等待房屋增值重新贷款套现。

对上班族来说，很多人完全可以做到一年购买一套，甚至一年购买两套三套。这样的话，不用10年，你也许就已经拥有了10几套出租房，每月数千美元的正现金流。

每一套这样的房子都是一棵摇钱树。等你每月有数千美元，甚至上万美元的被动收入，你就已经实现财务自由，可以高枕无忧地退休了。

10套投资房是个门槛

采用BRRRR的方法，可以不断积累。等累积到10套投资房的时候，可以说到达一种极限或者门槛了。之所以是个极限，我的理解，有下面的几重意思。

一是贷款的角度。多数银行会对一个客户的贷款总量和个数有限制，要求一个客户最多有10个贷款的房子。虽然有的银行没有这个限制，但超过10个，贷款利率会高很多。

当然，如果不用贷款杠杆，你完全可以采用现金购买，从而不受这个规定的制约。

我们购买投资房，一般是用贷款杠杆，并希望有正现金流的。贷款利率会影响现金流。所以，这个规定，实际上就让10套投资房成为一个极限。

二是投资房管理的角度。每一套投资房都需要我们花时间管理，要维护，要招租，也要维修。还要每年报收入税，缴房地产税，付保险，以及每月支付贷款和HOA费。

如果一切顺利也还好，就怕出妖蛾子，比如碰到烂房客，以及各种事故。驱逐房客和处理事故会特别地花房东的时间和精力，也会影响心情。所以，10套投资房，也几乎是一个人管理的极限了。

三是从财务自由的角度。如果每套投资房都有不错的正现金流，那么10套投资房也差不多可以财务自由了。假设一套投资房每月有$500的现金流，10套就是$5000。

更重要的是，投资房的现金流一般会逐年增加。这些钱，在一个生活成本不高的地方，差不多够退休了。当然，如果在生活成本高的大城市，生活成本高，但是投资房的现金流多半也会更高。

10套投资房是个门槛，但也是可以跨越的。比如我知道在芝加哥有一对华人夫妇，是来自中国大陆的第一代华人移民。他们有着稳定的工作，算是典型的中产阶级。他们投资房地产也是白手起家，一个个地购买投资房，创造大量的被动收入。从1998年开始，用了21年的时间，他们投资了20多套房产，月租金被动收入3万多美元。他们如今拥有财务自由，提前退休，享受人生。

跨越10套投资房这道门槛后，就进入新的天地。新天地就需要新的思路和策略。比如管理方面，可能就需要请管理公司（PM）来管理，或者创建自己的管理维修团队。

贷款方面，可以采用新的方法和贷款形式，从而不受10个贷款的限制，购买更多的投资房。方法有很多。一种方法是，夫妻两人分开贷款。因为每个人都可以有10个贷款，加起来就是20个。还可以把小额的贷款还清，只保留10个大额贷款。有些银行则允许客户把几个房子打包，只算一个贷款。还有的银行就干脆没有10个贷款的限制，比如放宽到12个贷款。

投资房的分散投资

我们购买多套投资房的目的，是为了财务自由，可以提前退休。但是任何投资都有风险，投资房也是如此。

投资房的风险在哪里呢？主要就在于现金流和房产价值的风险。

现金流和房价，都很大程度上受投资房所在的地理位置影响，尤其是当地的人口、经济、生活成本和政府政策。

我们举个例子吧。汽车城底特律，曾几何时是何等的繁荣！经济发达，人口众多，是无数人向往的定居之地。但是随着社会的变迁，美国经济的转型，如今的底特律人口已经大量流失，经济一路下坡。这种情况下，当地的房产价值和租金也就每况愈下了。

如何规避风险呢？就是要分散投资，不要把所有的鸡蛋都放在同一个篮子里。

分散投资有不同的方式，但既然房产的位置那么重要，我们首要考虑的分散投资就是多地投资。

美国有很多值得投资的地区。每个地方的特点不同，比如经济结构，人口结构等等。所以如果我们能把投资房分散到两三个地区，那么就可以极大地降低这方面的风险。

其实，就算在同一个地区，比如我所在的北加州湾区，你也可以进行很好的分散投资。我们知道南湾和东湾就很不一样，值得去分散投资。

其他的几个分散投资角度也可以考虑，比如不同等级的房子（所谓白玉房和白菜房等，针对不同收入的租客），不同种类的房子（独立屋或公寓），不同大小的房子（针对不同的租客家庭大小）等。这样分散投资的好处，都是降低现金流的风险。因为不同的房子针对的租客群体不同，合理的分散投资，就会降低收不到租金的风险。

当然，任何事情都是有正反两面，有利就有弊。分散投资的好处是降低了风险，但坏处就是增加了管理的难度。比如外地的投资房，管理起来就困难的多。同样，白菜房这样租金低的房子，碰到烂房客的可能性也就大了。

投资房的出售

既然投资房是我们赖以退休和财务自由的摇钱树，那么除非特别原因，我们应该尽量持有，以获得最大的长期回报。

但是正如再好的朋友也会有分别的时候，在某些情况下，投资房也是需要卖掉的。

卖房的时机选择

什么时候合适卖房呢？除非是房主个人的因素，需要立刻卖房，否则的话，卖房的时机选择是有讲究的。

首先是大趋势，也就是房地产的周期性。房地产是有周期的，美国的房地产，周期基本上15年左右。周期的长短不容易预测，也有不同的看法。

根据最近50年的历史来看，美国房地产房价有3个最低点，分别是1974年，1992年和2010年，间隔正好18年。所以我认为18年的周期间隔比较合理。但是，我们知道历史不会简单重复，经常受到各种其他因素的干扰、冲击和打断，所以有时候不是标准的18年。

我们买卖房的时机选择，当然是希望买在低点，卖在高点，类似买卖股票。不幸的是，正如股票市场难以预测一样，房价的预测也很难。我个人的意见是不要试图去预测，而更多的看个人需要，包括年龄、投资策略、生活理想和其他个人因素。

年龄方面的考虑，如果年纪轻轻，精力好，就最好尽量持有。因为房地产的优势就是长期增值，越往后现金流也越来越好。

为什么现金流越来越好呢？前面说了，房贷一般是30年，每月有固定还款额。还贷初始，月还款额感觉很大，占了房屋支出的主要一部分。但10年甚至15年后，你就会发现那个还款额，相对于房租和房价，变得越来越不重要。20年25年后，还款额简直就是不可思议的低，而现金流会变得很高，你也就越不舍得把这套房子卖掉。

投资策略方面的考虑，你或许想重新部署一下你的投资；可能想分散到其他板块，比如股票和债券，那么你就会想卖掉几套投资房。

生活理想方面的考虑，你可能觉得投资房虽然现金流很好，但是你更希望过简单的生活，不想打理房子了。

还有其他的个人因素，比如你想去其他国家居住，需要些钱买那里的房子；或者需要一笔大的支出，所以才卖一套投资房。

抛开时机因素，地区的因素也值得考虑。房地产是很看重地区位置的，比如在哪个州，哪个城市等。美国地区和城市格局一直在变化，有的城市变得越来越繁华，而有的则可能越来越没落。

你或许想调整一下投资房的位置，就需要卖掉你不看好地区的房子。就算是一个城市内部，经济产业、规划区块和人口收入的变化，也可能让你决定购买和出售某些投资房。

我们再看看季节的因素。一年里什么时候卖房比较合适呢？根据一些机构和网站的统计，4月和5月上市的房屋，在线查看的次数比全年平均高出10%以上，房屋出售速度比平时快几天，价格也高几个百分点。

当然，这些分析和数字都是全国房地产的平均值，并没有考虑每种房屋和每个地区的不同情况。

但一般来说，比较正常和高端的房屋基本是春季上市，因为卖主家庭往往希望在暑假时候搬家，以照顾孩子上学转校。我们知道美国一般是8月新学年开始，那么考虑到搬家和学校注册因素，6月和7月搬家的有娃家庭最多。买房过户需要一个月左右，所以这样的买家一般都是4月或5月看房子。

反过来看从这个季节时间的角度，也就不难理解，为什么6月份上市的房屋降价的可能性比较大，因为有点太晚上市了。

我们再看更具体的时间，比如一周里面哪天上市比较好呢？ 根据一些分析，周三到周六上市的房屋，有更多的浏览量和看房请求。主要是因为周末看房的人多；临近周末，买家一般会开始规划看房。

房子的梳妆打扮

卖房子的准备，有点像谈恋爱约会。准备工作自然就会精心梳妆打扮，希望能够打动对方，能让买家喜欢，出个好价钱。

如何打扮呢？首先就是把重要该修的地方都修好。看房时，买家一定会注意到的一些地方，包括门窗，地板，墙壁，厨房，厕所等，必须尽量处于可以直接使用的状态。

就算从投入产出的角度，卖房前进行一定程度的装修，是很值得的，尤其那些容易做但是看得着的地方，比如内外墙的粉刷。

合理装修的花费，经常会收到几倍甚至十几倍的回报。比如粉刷墙壁，或许需要5千元；如果最终的买价会多出2万3万，就是4倍以上的回报。

装修好的房屋，还要考虑要不要放家具（Staging）给买家看。我的建议是要放，尤其是中高端的房子。

为什么呢？普通买房人的心理，都是很情感化的。如果一套房子有眼缘，内心喜欢，经常会愿意多花很多钱买下来。有家具的房子，会让看房人充满幻想，想象到他们住在这样的房子里的惬意。

美国这方面有很多公司提供服务，很专业，也不贵，一般2千左右，家具可以放一个月。如果考虑回报率，也是超值的，因为这一加分项可能会让买家愿意多好几万的报价。

家具放好之后，最好请专业公司照像。如果可能，做3D视频。这些公司的照片拍得非常漂亮，做出来的效果，就像经过美颜一样，会吸引买房人的注意，自然会提高流量和卖价。现在的时代，这些照片和视频慢慢都变成标配了，我观察了市场上的房子，越来越多的房子都有这样的照片和视频。

最后，我也建议请公司做房屋检查，生成检查报告。这样的话，买方人都可以拿到一份。这样做一是比较透明，二是省却了看房人的麻烦，比较容易让买主出价。

房屋检查有几种，我个人觉得做三种检查就够了：普通的房屋检查，屋顶检查，和白蚁检查。有的公司提供一站式服务，三种检查都做，收费合理，总共也就几百元。

根据我和朋友的经验，这些因素如果都考虑到，比如房子修理到可以直接入住的状态，加上家具摆放，房子的最终买价会非常好。相对于这几方面做得不好的房子，多买10万甚至几十万是很正常的。

卖房经纪和决定买家

和买房类似，卖房也是需要经纪人的。房产交易成功的话，买方和卖方的经纪人会收到佣金，都会从卖房款里面出。佣金数目一般是按照卖价的百分比算的。比如在有的州，两种佣金比例都是3%。

在加州卖房，房主可以决定这两个百分比。有些经纪人为了获得你的卖房生意，会主动降低自己的佣金比例。有的网站（比如Redfin），也提供优惠的卖房服务。我的经验是，找到愿意接受1.5%卖家佣金的经纪人是不难的。

买方经纪人的佣金比例，也是卖家决定的。我的经验是不要把买方佣金定的太低，否则对方经纪人可能因为佣金不多，而不向他们的客户推荐你的房子。一般就按照市场常用的比例，比如2.5%。
当然，卖家决定佣金比例的多少，也是和房价的绝对值相关的。比如，几百万价格的房子，即使佣金比例很低，绝对值依然是很可观的；你可以适当的降低佣金比例。反之，如果房价不高，那么最好就按照市场上常用的比例。
一个好的卖房经纪，起的作用很大。经纪会帮你决定合适的售价，给你装修和摆家具的建议，约拍照片视频，安排买家看房，和买家协商价格条款，帮你选择买家，协助过户等等。这里面有很多有趣的考虑。
一个考虑是定价。一个房子的价格其实很难准确判定。一般的经验，就是按照最近几个月的历史成交价。具体来说，就是对比附近的售出房屋，最好是同一条街上的房屋。一般会选三栋房屋，取个平均值。
房屋对比决定价格的时候，除了房屋的位置、距离、房龄、成交时间、室内面积、地的大小、几个卧室、几个厕所、内部装修等这些大的因素，房屋朝向等小因素也会考虑到。
对自己的房子估价后，房子挂在市场上的卖价并不一定按照估价。有的经纪人会建议挂一个低一些的价格，这样可以吸引更多人来看房，最后成交价可能会更高。也有些经纪人会建议挂一个高些的价格，这样可以允许买家砍价。
定价时也要考虑当前的市场情况。比如如果现在是卖房市场，买家在抢房；那么可以适当往前预测一下，挂高点的价格。
房子收到买家出价后，就要考虑要不要接受了。如果收到多个买家出价，这时候屋主就要选择一下了。选择买家时，要考虑的因素主要是价格，同时也要看看有没有附加条件（比如房屋检查、贷款等条件）。
有时候买家会出现金买，这样出价相对来说更有竞争力。一方面现金买的话，不需要贷款，因此没有贷款的风险；另一方面，过户会很快。
现金买家还是少数，多数买家会贷款。那么屋主就需要研究一下买家的信用和现金储备，目的是确保买家能够顺利贷款下来。
卖房时特别要避免的情况就是，屋主选择了一个买家，开始过户，但最后没有过户成功。失败的原因很多，比如买家贷款做不下来，或者双方有其他纠纷。不管什么原因，这种情况对卖家极为不利。因为房子又要挂到市场上去，其他买家就会觉得这个房子有问题，不愿意再出价。所以这种重新挂出的房子，经常需要降价才能最后卖出去。

如果收到多个出价，有时候卖家会选几个买家，要求他们接受新的条件，就是所谓的"counter Offer"。这样做的目的是为了能得到对卖家更有利的条款，比如更高卖价，或者卖家少出一些过户费用。

卖房后的报税

之前的章节讲过，投资出租房的一大好处就是省税，包括收入税和资产增值收益税。卖房之后，就算交易完成，是需要报税的。

房屋买卖的收益属于长期资产收益，税率和普通收入的税率是不一样的。一般来说，增值税率比较低。

卖房时的增值收益如何计算呢？这里面有几个因素：买价，卖价，折旧，维修。买价和卖价很容易理解，但是很多人有误区，以为这两个价格就决定了应缴税额，这是不对的；还有几个因素。

首先是折旧。税务局认为，房子的价值分两块：土地和地上建筑。土地不折旧，但是地上建筑需要折旧，在差不多27.5年内的时间内全部折旧完毕。

注意的一点：房屋折旧是强制的。不管你是否每年报税的时候报了折旧，税务局统统当作你已经当年享受了折旧的税收减免了。在最后卖房子的时候，所有允许的折旧额（而不是你实际上的报税折旧额，即使你一分钱折旧都没有报），都是要加回来的。

再看看房屋维修。房屋翻新改建的费用，很多是可以算到房产成本里面的，会增加房屋成本，这也意味着减少卖房的增值利润，进而达到省税目的。所以我们作为屋主，平时对每次翻修与整修所产生的费用，都应保留好相关收据，为以后的的卖房做准备。

这几项因素考虑进去，最后的资产增值收益是这样算的：卖出价格，减去佣金，减去维修，减去当初的卖房价格，再加上折旧。

如果卖掉的是自住房，美国有条法律，就是自住房增值收益减免。夫妻会有50万的收入免税，单身是25万。也就是说，如果你算出来卖房后，资产增值收益是60万，那么有可能只需要按照10万的收益缴税。

怎么定义自住房也很有意思，简单讲，就是卖房时，最近5年内，有两年作为自主房就可以。

自住房有免税额，那么投资房呢？有1031置换。这是美国税法中的第1031条款，允许投资人将旧房子卖掉而不用缴纳收益税。这项条款其实不是真正的免税，而是暂时不交税。投资人先卖房，然后立刻购买另一套，既可以享受这项条款。

具体来说，就是把卖房的钱， 放在一个中间人那里，然后在45天内确认新房产，并在180天购入，则所赚的钱可以暂时不交税。。另外还有些具体规定，比如购买新房的价格一定要等于或大于旧房的价钱；否则任何有余留的部分都要缴税。

房产投资和理财的理念

投资理财、财务自由方面的知识很多,值得我们不断学习;但是正确的投资理念(Mindset)更重要。如果没有正确的投资理财理念,不仅仅不能实现财务自由,甚至就算突然拿到大笔资金(比如中彩票,巨额遗产),也可能守不住财而很快败光。

房价增长和房租增长的关系

我们购买的每一套投资房,都希望有现金流。但现金流归根结底来源于房租;所以购买投资房时,房子的租售比很重要。那么,房价和房租,有什么关系呢?

2021年有一篇文章讲的很好,主要的观点有二:一是房价增长与租金增长有很强的关联性,也就是说随着房价的增长,租金也会增长,房价增长是领先指标。

下图中蓝线,是Zillow房价增速,红线是Bureau of Economic Analysis租金增速。我们注意到,只要把左边的蓝色曲线往右移,或者把右边的红色曲线往左移,两个曲线会有一定的吻合度,显示它们有较强的关联性。

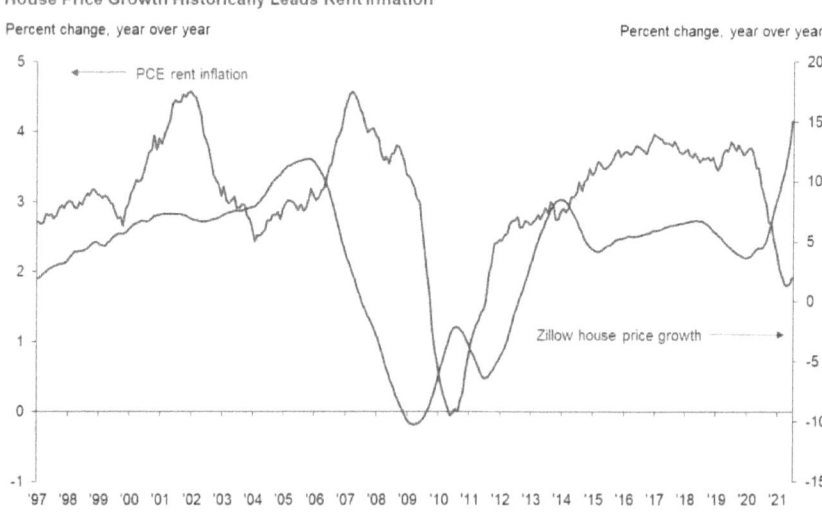

二是房价和房租有时间差。当前的房价增长，与18个月后的租金增长关系最为密切，换句话说就是，房价涨了后18个月后租金才能跟进，相关性最高达到0.74。

所以我们要投资在有增值潜力的地区，不要目光短浅，过于看重初始现金流。房价增值好的地方，租金增长也快；租金增长快了，也会促成房价的增张，从而形成一个良性循环。

经营投资房要有耐心，尽量长期持有

很多人做房地产，买出租房，骨子里还是和买股票类比；指望买在低点，卖在高点，而且要尽快卖，赚快钱。这样的想法和操作，就大错特错了。

房地产投资是个慢活，不要指望一夜暴富。很少有人只买一两个房子马上就能变成富豪，更大可能是你持有的房产越多，你致富的可能性就越高。并且没有人有那个水晶球来知道何时房价是高点，何时是低点。

所以，房地产投资要持之以恒，需要不间断地努力。如果不确定进场和退场时间的话，可以自己先设定一个投资标准。购买时，只要满足标准就继续购买；出售时，到达预设的标准就出售。

我自己是从2012年开始投资的，当时的确是好时机，但当时资金有限，又啥也不懂，所以很难做到收益最大化。单从回报上算，这十年来，我购买的房产的收益，也都在总回报的一半以上，这主要是不间断努力使规模扩大结成的果子，只不过如果时机不好，这个过程可能会慢一些。

房地产的灵魂就是长期持有。有位华人大地主前辈的名言就是：可卖可不卖的房子，不卖。说的就是不要随便卖房。很多人沉不住气，看到房价涨了，就想赶紧出售套利。

有位投资客曾经在加州中谷买的一个投资房，当时租金$1100，房价翻倍了后做过一次套现重贷，房价到三倍后，租金仍是$1300（市场租金应该$1400~1500）。由于需要资金继续扩大规模，就在考虑是套现重贷还是卖掉，考虑到租售比太差，就卖掉了。没承想卖掉半年后租金就涨上来了，现在不光价格是原来的四倍了，租金都超过$2000了。这位投资客的反省就是一句话：卖亏了，不该卖。因为房价上涨跟租金增长有关联性和时间差；也就是，房价上涨，房租也会涨上来。

不要随便卖房，对加州这样地产税有上限的州尤其如此，因为持房成本考虑到通胀因素会越来越低，现金流会越来越好。

要想富，多贷款

很多人怕负债，总想尽快还清所有的债务。这样做，虽然心理上很安然，但是投资理财方面却是错的。

我们的目标是财务自由，不是债务自由。不但不要零负债，还要大规模负债和借钱，利用房贷的杠杆才是致富和实现财务自由的关键。

举个简单化的例子：如果房贷的利率只有4%，投资回报（比如房地产）哪怕只有极为保守的8%，那也是一倍的差距（4%）。如果你借了一百万美元，每年这个利率差就给你带来4万美元的收入。借了三百万，一年就是12万收入。

贷款买投资房来实现财务自由方面，详细的理论，相信你看完我的书，也基本懂了。我用一个美国人从1万到100万的投资经历来加深印象。

他家住阿拉斯加州的Anchorage，初始的投资房也都在那里。他在2002年开始投资房地产，用FHA贷款，只需要3.5%首付，自己总共出资1.2万，买了个29万的fourplex（四单元）；自己住一单元，其他三单元出租。2007年，他做了cashout refinance，用贷出来的资金做为首付买了第二个53万的fourplex。2013年，卖掉两个fourplex，购进了总共20单元的两个小公寓楼（一个11单元，一个9单元），购买价总共约160万。靠着这两个公寓楼（总共20个单元），他有了足够的现金流可以退休了。

2005年他还买了一个独立的自住房，但这与投资无关。他接受采访是在2016年，他说当时公寓市场值差不多涨到了180万。大约估算了一下，他的资产净值应该在100万左右，也就是说投资了14年，他当初投入的1.2万，差不多有70~80倍的回报。更重要的是，这样的投资带来了可以让他财务自由的现金流。

不断学习，持续进步

普通人和富人，差别不仅仅是在财富上，更重要的是在思维方式上和持续学习的能力上。

人的一生中会自觉不自觉地接受很多所谓的常理，其中很多常理与富人的思维方式格格不入，它们中不少是一知半解的"半吊子"以讹传讹的产物，其中很多包含着谬误，只有突破这些常规思维的禁锢，才能有所作为。比如很多怕负债，债多了会睡不好觉。其实，应该是债少了睡不好觉，因为债务太少说明别人的钱没有在为你工作，挣钱少了你当然不高兴了。

再比如说，以前以为只有富豪才有资格投资房产，现在知道普通人也可以投资房产，只要肯努力。

房地产和投资理财方面的知识很多，比如如何报税省税，如何扩大投资规模，如何合法保护自己和家人，如何分散投资等等，都值得我们不断地学习。

房地产投资的进阶篇

地主的责任保护伞：伞险

做地主、管理出租房也是风险的，其中一种风险就是责任险（Liability）。如果房客在你的出租房里面受伤而要求赔偿，房东有可能成为被告。所以出租房的保险里面有一个很重要责任险，liability insurance。

除了每套出租房有房屋保险外，很多地主还会额外买Umbrella Insurance，就是伞险。伞险的基本目的，是在被起诉时保护您的资产，所以它是被保险人家庭和汽车保险限额之外的额外责任保险，可以保护自己和家人的资产。例如，如果您的出租房里面有人受伤，以100万美元起诉您，而您的汽车保险最多只能承保30万美元。此时，伞险就能保护您的资产。

说个真实发生过的案例，让您了解雨伞险的作用。不久前，某高档华人社区，一位先生出门时候，在转弯时不小心撞到一部新款的兰博基尼跑车（新车大概要40万美金）。此次事故只是轻轻的追尾，后边的保险杠只有轻微的损伤，没有任何人身受伤。大概一个月以后，兰博基尼车主的保险公司索赔18万美元，而这位先生的汽车保险最多只能赔付10万美元，多余的要由自己支付。幸好这位先生有买100万的雨伞险，多出来的部分雨伞险进行了赔付。

伞险就是当发生严重事故时，用来赔偿对方损失，从而保护已有财产不受损失的一种保险。这个保险适用的范围非常广泛，例如：家中的狗咬伤他人，开车出现事故导致他人受伤，房客在房屋内发生意外控告房东等等。

伞险保额选多少合适呢？一般来说，一百万或两百万就可以了。也有的人是将所有的净资产加起来作为自己的伞险承保金额。

选择哪家保险公司呢？如果你的出租房不多，比如少于5个单元（duplex算2个单元），并且都在同一州，选择余地就比较多，可以多问问当地的经纪和保险公司，包括自住房的保险公司，一般情况下，购买个人伞险就可以。

这种个人的伞险并不贵。比如1个自住房，加4个出租单元，一百万的个人伞险，保费不会超高300；两百万的保费不应该超过700。如果出租房比较多，比如8个单元以上，并且房险的责任险很容易达到50万，也可以考虑商业伞险。

地主的储备金预备

通过投资房来实现财务自由的本质，就是把投资房培养成摇钱树，通过租金来帮我们支付房贷和其他支出，并带来被动收入。但是租金是房客支付的，我们自然不能百分百保证收到房租；所以需要我们这样的地主居安思危，有备无患。为了对抗这种风险，就需要预备一定量的储备金。

有了足够的储备金，我们就可以抵御房客欠租的风险，保证我们的投资房不会付不起贷款和房地产税。这一点，对于有多套投资房的地主来讲，尤为重要；因为投资房多了，支付的贷款和地产税就比较多，地主的压力也就更大。

那么问题来了，地主需要预备多少储备金呢？欠租风险的大小，同样取决于其他很多因素，很难衡量。从安全性的角度，当然是储备金越多越好。但是太多储备金也会带来机会成本，就是本来这些钱是可以继续投资的；现在却因为是储备金，而失去了理想的回报。为了帮助你衡量风险和确定储备金的数额，我个人把风险分成了五级；对每一级风险，可以算出储备金的多少。

为了表达清楚，我假设一个地主有10套投资房，每套投资房的平均租金是三千元，每月的房屋维持成本（月供、地产税、保险、维修等等）是两千元。十套房子的总维持成本是每月两万元。

第一级：假设所有的投资房都收不到房租了；而且持续六个月。这样就需要有12万元的储备金（两万每月，六个月）。这种算法，也可以换种方式理解，就是假设三分之二的房客欠租，只有三分之一的房客交租（每月租金收入只有一万），连续一年；那么这些储备金是可以维持的。当然，如果地主自己还有其他的收入（比如上班的W2收入），那么就不需要那么多的储备金，具体的数额，可以根据自己的工资情况相应地计算。

第二级：所有的投资房都欠租，持续一年。这样就需要有24万元的储备金。同上，如果三分之二的房客欠租，那么就可以维持两年。一般来说，两年的时间比较长了；在此期间，我们可以期待有很多解决方案（比如政府救助，地主的资金调度，或者经济形势变好等）。

第三级：所有的投资房都欠租，而且持续两年。这样就需要有48万元的储备金。这个级别就是把时间长度翻倍。

第四级：所有的投资房都欠租，持续三年。历史上看，影响大众的社会和经纪危机，或许会持续三四年。这种情况发生了，就需要72万元的储备金才能维持这十套投资房。

第五级：第四级之外，而且加上地主失业，就是没有工资收入了。为什么做这个假定，是因为经济危机时，经常是所有的行业都受影响。不仅仅是房客失业，地主的正常工作也可能不保。因为地主自己也需要生活开销（包括自住房的维持），就需要更多的储备金。根据个人的不同情况，自己的生活开销或许每年也需要10万。这两部分加起来的话，总共就需要百万的储备金。

理想情况下是达到第五级。看起来这个层级的储备金要求很高，但其实很多时候，退休金的一部分也可以用来做储备金。比如IRA和401K。紧急情况下，这些账户都是可以动用的。只要工作几年，正常的上班族都会有数额不小的的401K和IRA；上班久的人，这些账户里有50万甚至上百万并不鲜见。

烂房客的驱逐

购买投资房，自然就需要面对租客。租客也有好有坏，用千奇百怪来形容也不为过。不管如何小心甄别，总会有碰到烂房客的概率。俗话说"常在河边走，哪有不湿鞋？"

如果碰到烂房客，也不必郁闷，好聚好散，尽量提供可以接受的条件，请他们和平走人。如果何谈不成，启动驱逐程序就是了。

我自己也碰到过这样的房客，无故不交房租，最后也启动了驱逐程序。

驱逐的程序各州虽然类似，但还是要遵守本州的法律，所以要熟悉这些程序何要求。如果不确定，最好找律师，或者通过专门做租客驱逐的公司进行。这些公司和律师懂法律，不容易出错。

驱赶房客一般有两种情况下会发生，不交房租和违反租约规定。不交房租先要给 3 day notice to pay rent or move out。有违规行为则给 3 day notice to perform conditions and/or covenants or quit.

地主们最头疼的问题，不是房子租不出去，因为可以降价；不是通马桶和修理，可以找人来做。最头疼的问题是房客不交租赖着不走。

一旦房租没有收上来,要尽快和房客联络。有些房客的确有原因,所以不要断然采取行动;给个机会,尤其是老房客。如果沟通未果就要立刻采取行动,谎话不能一而再再而三的听信。所以,3 day notice to pay rent or quit要尽快发出去。

Notice可直接送到房客手里。有的房客会故意躲躲闪闪;没关系,把notice贴门上,照相存证,另外还要再邮寄一份。注意是贴门上,而不是塞门缝里。这些证据都保存下来。

三日通知具有威慑作用,绝大多数房客在收到通知后不久会交租。这一步不需要律师,自己完全可以做,表格要填写正确。地址要真实地址,也可以用上班公司地址。如果自己没把握就让律师做,费用不高,100元打住了,律师的公文更有威慑力。这一步自己做没什么难的,就是去送一封信,顺便面对面了解一下真实情况。

如果房客对你的三日通知没有反应,装不知道,下一步就是正式eviction。对于初级地主,最好找专业赶人律师。价格合理的律师也就收费一两千;需要出庭的话会另加几百块。

走到这一步,开弓没有回头箭,要硬着头皮走下去。有的房客提出交租的话,你决定要不要接受。这个时候可以加上罚款,律师费等各项费用。如果你不喜欢房客,就狠下心赶走。最好不要接受小部分钱,一接受部分房租,赶人程序要重新开始;因为房客有可能是在玩拖延战术,寻找对付你的办法。

在加州,当驱赶程序开始后,房客只有几天时间回复。这几天非常关键;因为在这期间房客回复了,接下来要在法庭交锋。所以,当房客试图和你沟通,讨价还价时,一定要稳住房客,话不要说的肯定,也不能多说,律师接了案子也不让你随便说话,裹乱,言多语失。当律师介入后,你要尽量避免让房客来纠缠,不想纠缠就让房客去找你的律师。律师可不是什么善茬,几句话就把房客噎回去。

经常赖租的房客,3 days notice 可能都麻木了,当你忍无可忍,下决心正式evction,也就是到了第二步,filing and serving。房客知道你动真格的,最终可能演变成法庭上交锋,就是the contested case。出庭没什么可怕的,但有些房客玩的是拖延战术。他们的目的有时候就是想多住几天,最后拍屁股走人。

这些天熬过去后,律师一般一天也不会耽误,马上file default,到这时房客就是条死鱼,输定了;等法警来锁门好了。

简单的说,驱赶房客分五步:the notice, filing unlawful detainer, serving, obtaining the judgment, the lockout.

如果是uncontested case，省略第四步。接下来还有debt collection，这是后话，先赶走人再说。

一般来说，不交房租，最后会被赶走，房客不会赢，但地主也同样是输家，因为钱财损失惨重。有的职业烂房客会把法律用到极致，不但出庭和地主打擂台，还会要求陪审团，和地主打持久战，遇到这种人地主就惨了，陪审团的费用，地主要付。

整个过程其实也不复杂，重要的就是严格地按照规定执行。下面这张图是加州驱逐房客的流程图，供你参考。

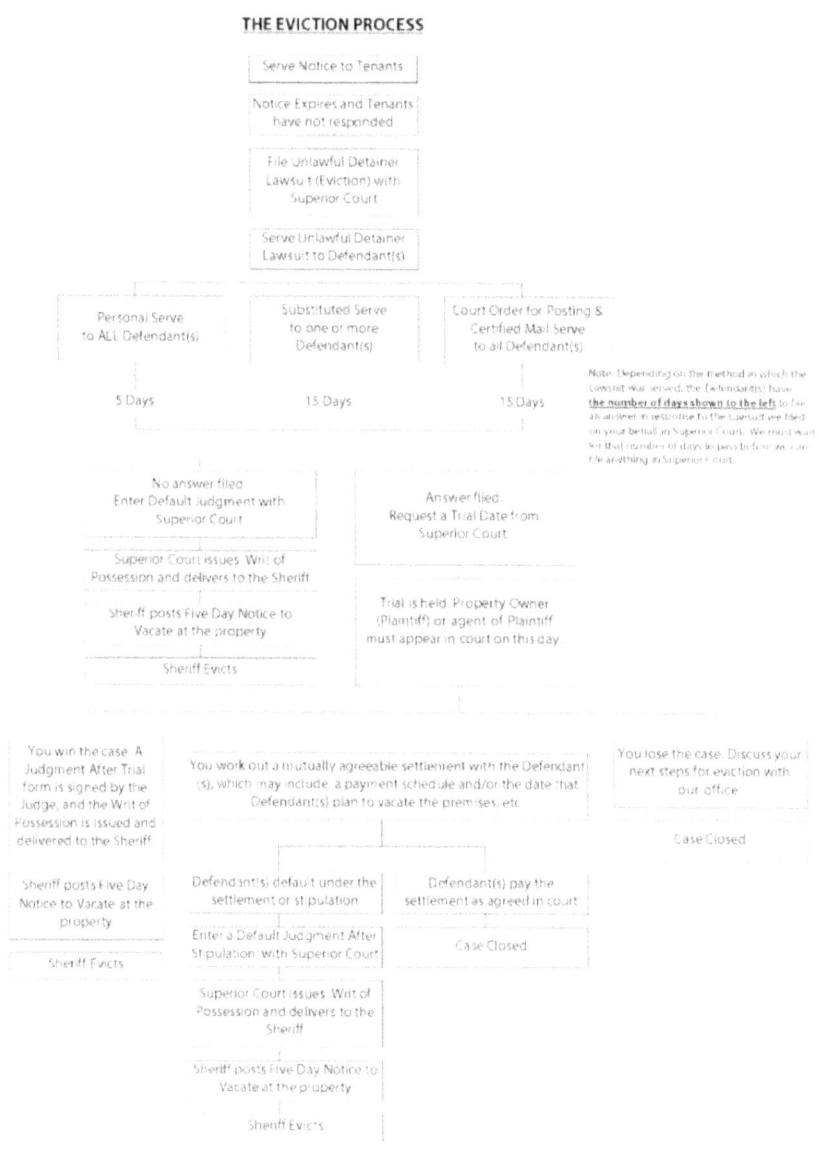

房地产管理的不同境界

房地产投资是分阶段的，等到房地产规模做大，比如有10套以上的投资房，已经进入"中地主"或"大地主"的社会阶层，就需要思考一下房地产管理的不同境界了。

这里的境界划分，已经不是按照房子数量，资产多少，现金流多寡了；而是管理的模式。

正如王国维先生在《人间词话》中把做学问的境界分为三重，就是："古今之成大事业、大学问者，必经过三种之境界：'昨夜西风凋碧树。独上高楼，望尽天涯路'。此第一境也。'衣带渐宽终不悔，为伊消得人憔悴。'此第二境也。'众里寻他千百度，蓦然回首，那人却在，灯火阑珊处'。此第三境也。"

我们可以借鉴一下，把投资房的管理也分为三重境界。

第一重境界：自己管理投资房。每套房子都自己管理，包括买房、卖房、招租、收租、维修等。这种境界的本质，是身体力行，事必躬亲；但是劳心费力，烦事不断，早出晚归是常事。需要和陶渊明一样，每日"晨兴理荒秽，带月荷锄归"。

这种境界，可比冯延巳的"河畔青芜堤上柳，为问新愁，何事年年有？独立小桥风满袖，平林新月人归后"。

第二重境界：自己管理PM（Property Manager）。就是每个房子都有PM来直接管理，我们只和PM打交道，"管理"他们。这样做的好处是不用24小时待命繁琐的房产管理，省心省力；但是需要付给PM管理费。

这种境界，看似简单，但背后却需要第一重境界的修炼。只有在第一重境界待过几年，了解了投资房管理的方方面面，才能心安理得的步入第二重境界；正所谓"桃李春风一杯酒，江湖夜雨十年灯"。

第三重境界：自己管理房地产公司。投资规模大了，就需要成立公司，走向正规的商业模式。这种境界，不需要操心具体的投资房和相关的事项，只需要把公司管理好就行。雇佣合适的员工，为公司制订好管理制度，自己就可以过"采菊东篱下，悠然见南山"的甩手掌柜生活。

具体到你自己，至于到底选用那个管理模式，取决于你地产投资处在什么阶段，最终的目标是什么。

通货膨胀不允许我们"躺平"

这本书所讲的是如何实现财务自由。财务自由之后,我们可以"躺平"吗?还是需要继续投资呢?我们来探讨一下。

从美国过去20年的财政政策和经济变化来看,投资理财可能会成为一个人的终身生活方式,就不存在真正意义上的"躺平"。

这其中的直接原因,就是通货膨胀,也就是货币的不断贬值,资产随之缩水。而且货币贬值这个趋势很难走回头路,这20年美国积累了巨大的债务,从联邦,到州,到市镇,到个人,积累了巨大的债务。我们具体到联邦债务,看看最近20年的变化。从2001年的5万亿,到了2021年的29万亿,远超GDP。

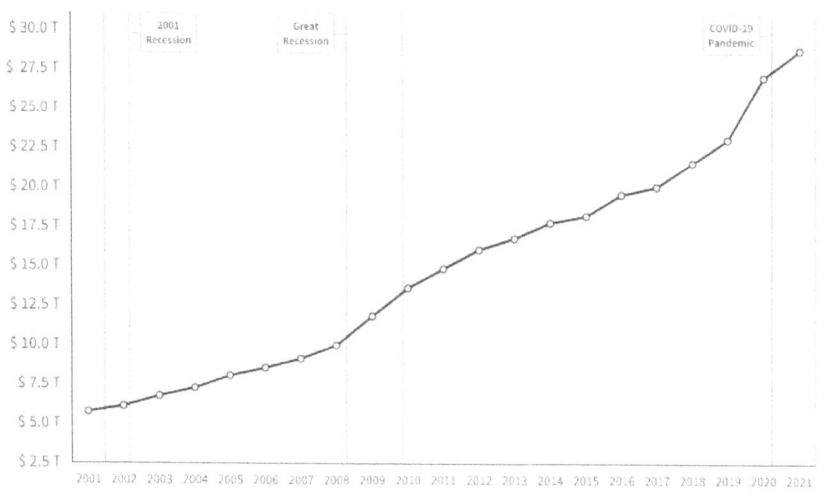

我们帮美国规划一下,怎样才能解决这个债务问题呢?无非这么几条出路和方式。第一种方式,是劳动生产率飞速的提高,技术出现革命性的突破,比如前几次工业革命(电力,计算机,核能等)。这样的话,财富飞速积累,税收就可以极大增长。这个可遇不可求,很难预测。我的推断是,即使有重大发明和发现,面对今天和未来的巨量债务,也需要很长时间才能彻底解决债务问题。这个"很长时间",也许我们的有生之年看不到。

第二种方式,就是海外掠夺,割韭菜。这个过去经常用,现在也不容易。韭菜已经倍割得七七八八了,未来很难割到又肥又壮的韭菜;而且韭菜也慢慢意识到被割的命运,越来越不配合了。所以靠割韭菜来填补债务的亏空，不容易；而且割韭菜的速度，根本比不上债务增加的速度。

第三种方式，割美国巨富的韭菜。这个也很难做到，除非美国底层人民起来革命，实现共产主义，"均贫富"，英特纳雄耐尔。不过那个时候，美国就成南非了，很难想象。

第四种方式，赖账，不还了(Debt Default)。那美元就成津巴布韦币了，这个除非美国崩溃，可能性也不大。

第五种方式，继续印钞，稀释债务。这个容易理解，就是持续的大幅度通货膨胀。

从上述几个可能性看，印钞解决债务问题的可能性最大，可行性也最大。虽然通货膨胀高，但操作起来，还是可以有温水煮青蛙的效果。

下面是美国自1960年以来的M2 money supply（货币供应）图表，我们可以感受一下货币的大水漫灌。

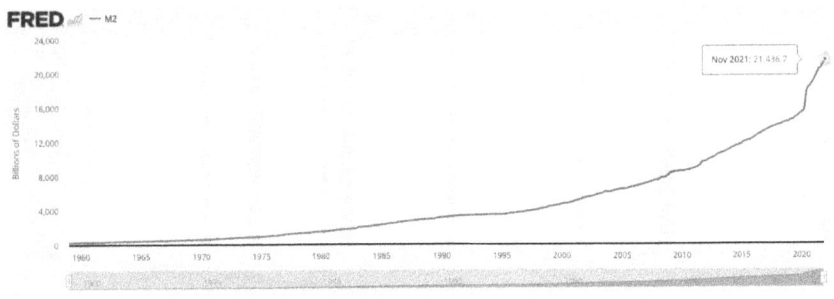

印钞放水是美国的长期国策，货币贬值的速度绝对比你想象的快。结果是怎样呢？不用看其他地方，看看中国就行了。我80年代在中国上中学的时候，万元户绝对是牛人，是富豪。而到了90年代，万元户就是普通家庭。到了2010年以后，万元户已经和赤贫没啥两样了。

不客气的说，人民币日元化，美元人民币化，可能就是我们这个时代的趋势。你现在的身家，5百万也好，1千万也罢，都没有"躺平"的资本，投资理财可能会是一个终身的生活方式。

好消息是，持有房地产，本身就是最好的对抗通货膨胀的方式，没有之一。而且房地产的优势就是"躺赢"，我们不需要做什么，只要持有它，它就会不断地带来现金流，带来房产增值。

自己的投资案例和感想

说说我自己的一些具体的案例和经历。这里面有经验，有教训；有年度总结，也有对来年的预测。

自己的一个不成功的商业地产投资案例

房产投资是致富的好路子；投资房地产的人，多数人、多数时候都能致富发财。但是，这一过程中，有正确的投资理念是必需的。
我现在谈谈我自己的一个不成功的例子，来说明正确投资理念的重要性。自己当然在其中学到了很多经验教训，也来分享给大家。
这是一个小商业地产，不是住宅。下面我平铺直叙地说过程，先不评论。当然，你现在读到此处，已经有了很多的知识和判断，可以看出我的这个早期投资，处处都是Red Flag和投资错误。
买的时候是2018年初，在一个繁华的商业小区。小区里面新盖了几栋商业楼，每栋楼里面分成20个左右的Unit。一楼的可以开餐馆，二楼的就只能做Office。每个Unit是毛坯状态，需要自己装修。
当时自己有了点积蓄，也不太懂如何投资，就买了一个Unit。面积不大，不到1000尺，花了50万左右。因为不懂商业贷款，毛坯房估计也很难贷款，就现金买了。
接着就是找人装修。找的Contractor不靠谱，前后拖了我1年半才装修完，花费7万元。装修费倒是不算贵，就是拖了这一年半，时间太久了。
装修完就招租，还好天缘巧合，有一个小公司租了做办公室。租金不高；按照投入的现金，回报率的话非常低，只有4%左右。
又过了一年多，这个公司发展挺好，也有意买个长期的店面；2021年，我就卖给他们了。
卖的价格就是我的买价加上装修费；几乎是不赔不赚。虽然没有赚钱，但是自己想脱手这个商业地产，专做住宅投资。卖房得来的钱，我赶紧去热点地区抢了几套SFH，迄今为止的增值都不错。所以也算有个好的结果。
好了，故事讲完。这个故事从投资的角度看，非常失败。一言以蔽之，就是50多万现金，3年时间，几乎没有任何回报。大家也知道，这几年股市房市等资产都疯涨；无脑大盘的话，都可以20%+的年汇报。也就是说，这三年，我少赚了30万以上！搭上的精力和烦恼，就更不用提了。

现在说经验教训；也给大家做参考。

- 商业地产投资需谨慎。新手最好不要碰商业地产；还是住宅比较好。
- 商业地产的种类。在互联网大行其道的今天，最好不要碰办公室类型的地产；因为亚马逊等互联网公司已经让很多传统的商业公司难以持续。仓储等比较合适。
- 要用贷款杠杆。房地产投资的灵魂就是用贷款杠杆；用现金买房，实在傻透了。
- 尽量买Move In Ready的，除非是有装修维修经验的。否则费时费力，尤其是特殊时期比如疫情，要付出的时间成本和价格成本，就是无底洞。

投资房地产的人，经常调侃自己是TF（掏粪）工，颇有点下里巴人的感觉。具体的各种维修管理也似乎上不了台面。谈起房市房价，每个人都可以侃侃而谈房价涨跌，似乎人人都懂。其实房地产投资大有学问；虽然不至于博大精深吧，但里面的知识和理念也不是人人都会的。

尤其是很多投资理念，需要不断摸索、学习和实践才能真正懂得。而且有些理念是违反常理和常识的，很多人不理解。比如多借钱才能发财（所谓的"负债就是资产"），很多华人就是不喜欢负债。

为什么"常理"反而是错的？其实仔细想想也不奇怪。世界上人人都在投资，但赚大钱的人，尤其是富人总是少数，为什么呢？多数人都遵循所谓的"常识常理"，恰恰是发不了财的。

投资股市的道理也类似。股市里的名言："众人贪婪我谨慎，众人谨慎我贪婪"，也是一个道理。散户一般都遵循"常理"和所谓"大势"，所以多半是亏欠，被割韭菜的。

"我们的队伍向太阳"：我的2021年投资总结

（写这段总结时，其实已经2022年1月12日了，所以算是迟来的总结。投资赚钱这样的事，理应是开心的事，所以里面有调侃的文字，活跃一下气氛哦）

"向前，向前，向前，我们的队伍向太阳"，这首歌不用我解释，这里的人都耳熟能详。美国的人口正在浩浩荡荡地冲向"阳光地带"（Sun

Belt)。我们作为投资美国房地产的华人,努力掏粪,主攻阳光地带,的确是有光明的前途的。

如果有对"光明的前途"懵懵懂懂的同学,请参考《新华字典》:"张华考上了哈佛大学,毕业去了纽约做律师;李萍考上了社区学校,毕业来硅谷当码农;我在城乡接合部掏粪,我们都有光明的前途。"

那位说了,这"阳光地带"有啥好的,咋人贼多,还有这么多人来?嗨,这些州优点太多了;有诗为证:"迟日江山丽,春风花草香。泥融飞燕子,沙暖睡鸳鸯。"嗯,其实话糙,诗不糙,理也不糙;这些地方,除了工作机会多,生活成本低,主要就是天气好。

2020年夏天的时候,大家就已经见识到了房市的疯狂,我自己也开始做规划,准备资金,并慢慢起步。因为资金所限,2020年只买了两套。本地和外州,各买了一套。

2021年春天的时候,自己的资金到位,开始扩大规模,并且分散投资到了另外两个州。所有的四州,都处于阳光地带,人口众多,而且涨势喜人。

数了数,2021年总共买了9套,其中5套购买完成,已经全部租出;还有2套正在过户,估计这个月就可以完成。另外预订了2套新房,2022年过户。

这些过户的房子,到现在的房价增幅都非常可观,基本在25%以上。

我买房有个原则，就是至少收支打平，有现金流更好。过户完成的几套，都有不错的现金流。正在过户的2套，现在的租金状况，刚好打平。因为贷款已经锁了，估计明年稍微涨一点租，就会有现金流。房租大概率会继续涨。根据历史的数据，房租涨会比房价涨晚一年到两年的样子。所以现在的租金上涨，归功于2020年下半年的房价涨。同样的，现在房价还在上涨，那么2022，2023年的房租大概率会继续保持增势。

预订的2套，房价已经定好；过户时的租金，会比现在多些，但是借贷成本也增加了（利率涨）。所以我预测，今年会收支打平。希望明年可以有现金流。

今年的个人计划，就是把预订的房完成过户，顺利招租；上半年不再扩大了。

虽然我预测2022年房价房租会继续涨，房地产还在上升区间；但是因为利率涨和房价涨，要收支打平已经不容易了。

今年上半年各种变化和不确定因素会很多（联储加息，通货膨胀，贷款利率，股市走向，疫情发展，政府政策，国际局势，中美博弈等），朋友们要多关注研究，与时俱进。

别说你从来不关心这些东西啊。人家古代书生都能做到"不出户，知天下"；咱们一个个生活在互联网时代的高级知识分子，反而不知道天下事，那不就是成了新时代的纨绔子弟了吗？！古代的纨绔子弟整天提笼架鸟，游手好闲；我们新时代的纨绔子弟，其实是"同是长干人，生小不相识"；无非换成游戏、上网、追剧、八卦、买包、晒圈等而已。

我是三国迷，记得诸葛亮说："为将而不通天文，不识地理，不知奇门，不晓阴阳，不看阵图，不明兵势，是庸才也。" TF（掏粪）虽然俗，也是一个道理。掏粪而不通经济，不识通胀，不知金融，不晓政治，不看大势，不明未来，同样是掏粪工里面的庸才。

孟夫子在《过故人庄》里面说："开轩面场圃，把酒话桑麻。待到重阳日，还来就菊花。" 而对于我自己，下半身（错了，下半年）如何操作？周总理说："外事无小事"。房事这样的大事，就更需要仔细揣摩一下，谋定而后动。年中时看看，是该"就菊花"还是该"献菊花"，现在不知，反正日后再说。

如何预测房价的走势（2022年1月的预测）

投资理财的人经常问的一个问题就是，如何预测未来的资产价格。比如炒股的人，很想知道股票价格会涨还是跌。同样，购买投资房时，我们也很想知道未来的房价会涨还是跌。

这种问题，当然是所谓的"百万美元问题"，没有人能够准确预测。我们唯一能做的就是，结合世界和国内的多方面形势，根据已有的事实和对未来的推断，做一些合理的房价分析和预测。

从时间上看，每次房价的预测和发展都不会简单重复，都有特殊性，因为时间、地点和资产类型等因素都在变化。房价的预测自然也不例外，影响房价的重要因素没有几百个，也有几十个。

我们就选2022的年来做一个例子，做一点预测和分析，供你参考。（提示：本段的撰写时间是在2022年1月9日）。预测的结果或许不重要；因为再好的预测，碰到黑天鹅等突发因素，也会被改变。重要的是，从这个例子和推断过程，我们可以大致了解最重要的几个影响房价的因素。

2022年初，COVID疫情还很严峻。在刚刚过去的2021年，房价是疯涨的。同时通货膨胀也很严重。展望2022的房市和房价，有如下这几个重要因素。

首先就是供需关系。2021年的火爆房市，首先就是房屋的供需不平衡造成的。先看房屋供应。我们一般说房源的供应，主要来自于两个。一个是新房，另一个是二手房。疫情期间，整个新房的供应突然大幅度下降了。为什么？因为政府审批建造的速度慢了，人工也不好找，材料并也不好定，而且价格昂贵。二手房呢？很多屋主就是可卖可不卖的。因为外面到处都是病毒，就不卖了。

需求这方面呢？需求可以分成两类：自住和投资。先说自住，因为很多人从一个城市搬到另外一个城市，或者他们就想住某一种房型。这就造成了某些地方的某些类型的房源，需求突然就大幅增加。投资房来说，投资客会逐利。哪里增值潜力大，租售比好，投资就会去哪里，那里的房价就涨。比如盐湖城、亚特兰大、北卡、达拉斯。这些地方和房型，需求特别旺盛；这就是2021年疯涨的原因。

2022年，这种供需不平衡还会存在吗？如果疫情继续，如果大家的生活方式和工作方式继续，如果病毒长期和人类共存，我们就只能"与毒共舞"。在这种情况下，这种供需不平衡，尤其是某些地方某些房源的供需不平衡，还是会存在。所以2022年的房价，很大程度是由疫情决定的。

其次是房价本身的泡沫程度和通货膨胀。美国房价从2012年开始，已经连续上涨10年了；这么长时期的上涨，非常不寻常。一般来说，房价的涨跌是有周期的，比如上涨持续5到8年，然后下跌3到5年。大家的心理都是买涨不买跌，所以上涨的时候会跟风，导致房价泡沫。然后就会调整，刺破泡沫，房价下跌。但是这一次周期，被疫情打断了。

2022年的房价有泡沫吗？会不会破掉？这是个不容易回答的问题。因为除了房价本身，通货膨胀也非常高。房价的高低是需要和通货膨胀做比较的。如果房价涨了5%，通货膨胀了2%，那自然房价有泡沫。反之，如果房价涨5%，通胀8%，那房价就没有泡沫。不但没有泡沫，房价反而是"下跌"的。所以房价的走势也取决于通胀的发展。

第三个因素就是政府的政策和税法变化。政策方面，比如对出租的控制（涨租限制等等），对租客的保护（比如禁止驱逐），对投资人的限制等等。税法方面，有很多种税都是和房价有关的。比如1030置换和加州的Prop 13。如果这些要取消，很多人就想在税法变化之前，赶紧把房子卖掉。再比如增值税和收入税的增加，也会鼓励卖房。具体怎么影响，要看具体内容。

第四个因素是利率。现在的利率还是历史低点，基本在3%左右。美联储已经放话，2022年要提高利率，加息。这个加息主要会影响自住房的房价。高利率会增加还款额，很多人会买不起自住房，只能租房，导致租金上涨。对于投资人来说，一点点利息的上涨，不太会影响投资人的决定。因为现在的利率还是非常低，就算涨到5%，历史上看，也是很低的。多数投资人会继续买房投资。何时涨到5%以上？不知道；我觉得2022年肯定不会，2023年大概率也不会。

第五个因素是建房新技术的发展。比如3D打印住房，模块化建房等。这些技术会降低建房成本和时间，但它们主要会影响低端和中端住房的价格，不太会影响高端住房。高端住房还会是传统房市建造的住宅，而且其价格更加取决于其他因素，比如占地大小，学区和社区等等。而这些因素，往往不是新技术可以解决的。

第六个因素是股市。如果股市崩盘，肯定会影响房地产。但是过去的经验是，政府会出手防止股市崩盘。2008年之所以出现那样的股市和房市波动，是因为股市崩盘导致很多人还不起房贷，产生了大量的法拍屋，从而导致房市崩盘。这种情形，2022年不太会出现。因为现在银行贷款的审批非常严格，不但强制要求很大比例的首付（保证房屋有足够的Equity），而且对收入和信用的要求非常高。所以，即使出现股市的大跌，屋主也不太可能会像2008年那样直接放弃还贷。

分析了这么多影响房价的因素，我们再从房地产周期的角度来探讨。无可否认，房地产有周期。月有阴晴圆缺，人有悲欢离合，房价到了峰值，一定会回落。现在是2022年，从2012年算起，已经涨了10年，而且房价确实到了比较高的价位。接下来会不会崩盘？有这个担心的确也非常合理。我们可以研究一下最近的两次崩盘。

第一次崩盘是90年代末期；第二次崩盘是2008年。两次崩盘的间隔恰好是10年左右，所以很多人担心现在的房价。这两次崩盘的研究有很多，大家可以去详细了解。但在我看来，第一次崩盘是因为房市的供应过剩，并渐进式地拖累租房市场，从而导致房价持续下跌。今天的情况是，房子供应是严重不足；而且由于建筑成本的攀升（建筑材料和人工等），大规模地供应廉价住宅是非常困难的；至少在短期不会出现。

第二次崩盘的原因是次贷危机，造成房市崩盘，租房市场并没有受到影响。之所以有次贷危机，是因为银行无节操地乱放贷款（零头款坏信用也可以轻易贷到款）。而现在的银行放款，对申请人的审查非常严格，而且要求很多的首付。所以即使出现房市停滞不前或者稍微下降，房主也不会随便放弃房子申请破产。

综上所述，2022年的房价不太可能下跌；顶多就是增长速度降低，不像2021年那么疯狂。2021年12月，美国房价中位数比起一年前（2021年12月）涨了16%，从不到31万美元涨到了接近36万美元。2022年的涨幅，我个人推测仍会在两位数以上（10%+）。即使只涨12%，房价中位数也会突破40万美元。这还是全美的平均，热点地区的房价增幅只会更高。当然，各种形势错综复杂，房市具体怎样发展，没有人会100%的保证。

何时买房？其实不必Time Market和预测房市

不管是购买自住房还是投资房，每个买房人首先想到的问题是：现在是买房的好时候吗？这个问题的实质，其实是问：现在的房价高还是低？

首先我们回答自住房的购买。我的看法是，自住房不是投资，它是一种生活需要；所以无论何时需要，买就是了。只要首付足够，可以贷款，任何时候都可以买。因为自住房是刚需，没有人会想炒买炒卖自住房。

无论房价涨跌，其实和你无关的。为什么这样说呢？咱们看两种情况，涨和跌。如果房价涨了，自住房的房主不太可能卖。一是不想折腾；二是惜售：说不定还会继续涨。所以房价涨对你就是个纸面数字，没有意义。第二种情况：房价跌了。房主同样更不可能卖，因为卖了就立刻是亏损。按照房市的周期性和螺旋式上升的特点，过几年会重新涨上去的。所以，买自住房时，你担心啥房价涨跌呢？更不用说，住进自己的房子，生活质量提高了，这点不是钱能衡量的。毕竟安居才能乐业，这种拥有自住房的感觉，不是租房可以比的。

再说投资房的购买。我们知道，房地产大体上是有周期的，一般是10年到15年的样子。但是具体的周期长短并不能确定，因为每次周期的情况都不一样，而且受不可控事件的影响很大。比如2020年初的COVID疫情，开始的时候导致房地产价格大跌；但是谁也没想到的是，短短几个月过后，就迎来疯涨，而且持续很多年。所以我们可以说，没有人能准确地预测房价。买房时如果老想着"抄底"，可能很多年都等不到，白白浪费很多投资机会。

房地产的价格，总体上是"螺旋式上升的"。平均下来，房价每年至少3%到5%的增长。认准了这点，对于投资房，我们只要长期持有，一定是不会在价格上吃亏的。这一点我们得有信心。

结合房价的这些特点，我们回到预测房价这个问题的回答。我认为可以根据时间长短，分三种情况预测：短期（一两年），中期（三到五年）和长期（10年以上）。短期的房价，我们是可以比较准确地预测的，因为房价的变动有很大的惯性，相对较慢。为什么呢？因为每一套新上市的房子，它的价格都是和同一区域前几个月的售出房价做比较的。同一区域的房子，在几个月内的交易，一般不会很多；所以不管是涨还是跌，都只能相对缓慢地变化。所以只要观察过去一两年的房价趋势，是可以对未来的一两年做预测的。

长期的房价预测也很容易。如果放到10年以上，相对于今天的房价，价格几乎肯定是会上涨的。比较难预测的是中期，也就是三年到五年。这期间的未知因素太多，所谓的预测，本质就是随机的掷骰子。

更重要的是，一套投资房买的合不合适，房子本身的价格其实只是一方面。其他的方面或许更重要，比如房客的筛选和管理，房子的维修，本地区的发展前景和规划等等。这些方面对我们房主的影响不仅仅是投资回报方面，更有生活质量方面。

了解了这些，你就明白为什么我们买房时，其实不需要执着于预测房市走向，不需要去Time Market。只要资金和回报合适，就可以不断地进行投资房购买。

房地产的典故和趣事

房地产作为人类的刚需,是人人关心的话题,无论雅士俗人都不能免俗。无论古今中外,都是百姓永恒的话题。
我就来说说投资房的轶事和牛人八卦。有些趣事八卦从论坛淘来的,不保证真实。

和房地产有关的古人

以末致财,用本守之。《史记》中有《货殖列传》,专门讲先秦至汉工商业的事情。司马迁说,"椎埋去就,与时俯仰,获其赢利;以末致财,用本守之。"
用今天的话说,就是在努力在商海中奋力拼搏,赚钱致富。然后用赚的钱去买房买地,换成不动产。这样才能把赚来的钱牢牢守住。司马迁之所以这样说,是因为在古代以农为本,商业不被重视,只有房地产才算固定资产。所以以前的有钱人基本就是地主。虽然时过境迁,我们现在的投资选择多了,不过这样的道理,在现代也一样适用。我们很多人也是通过工商等方式挣钱,然后把资本转化为风险低并且稳定的投资,比如房地产。
求田问舍,刘郎才气。大家都熟悉三国演义。当刘备还在荆州刘表那里蹭饭吃的时候,有一天,他和刘表、许汜两个人一起喝酒,畅谈理想人生。当聊天八卦到陈登的时候,许汜不以为然的说:"陈登这个人啊,太骄狂了。我有一次去拜访他,他自己躺在床上睡大觉,居然对我爱理不理。"
刘备接上话说:"许汜啊,这事我也听说了。我觉得得怪你自己。陈登先生那可是有理想有抱负的雅士。他一开始见到你,以为你找他是要探讨人生理想,比如匡扶汉室这样的大事。可是您呢,却到处打听房价,看哪里的房子值得投资,三句话不离房地产。这种求田问舍的话题,格局太小,是他所讨厌和鄙视的,无怪乎他给你冷脸。假如当时你面对的不是他,而是我的话,我恐怕只会做得比他还过分。我可不会睡到床上,听你瞎掰掰。我会爬上百尺高楼睡觉,而让你睡在地下,哪里只有区区上床和下床的区别呢?"当时许汜听了,非常羞愧。

宋代辛弃疾后来作词《水龙吟·登建康赏心亭》:"求田问舍，怕应羞见刘郎才气。"说的就是许汜太没志气，只知道购置房地产，刘备才是脱离庸俗的有志者。

长安米贵，居大不易。唐朝都城长安，商贾云集，房价高得离谱。连白居易这样的高官和网红都很难买得起房。白居易初出茅庐之时，带着自己的诗稿踌躇满志地来到帝都长安，拜访名士顾况。顾况看到诗稿上的名字是"白居易"时，一下子乐了，觉得这个名字起得好，就开玩笑地说："长安米贵，居大不易!"这是调侃，说长安物价房价高，买房定居可不容易哦。但当他仔细读白居易的诗稿，当读到"离离原上草，一岁一枯荣；野火烧不尽，春风吹又生"的句子时，大为惊异，赞赏道："道得个语，居即易矣!"意思是这样的才华，一定可以赚大钱，买套房不难。不过毕竟是帝都，白居易纵有《长恨歌》和《琵琶行》这样的高流量博文，也是工作了18年才买上房。白居易后来也买田置地，也就有了足够多的被动收入。他退休后，悠然自得地计划好了，以后就靠房地产养老。他写诗:先卖南坊十亩园，次卖东都五顷田。然后兼卖所居宅，仿佛获缗二三千。"看看这位地主的规划，如果需要现金，就卖园子卖田地。如若花完，再把这宅子卖了，这样生活多么逍遥快活啊，完全没必要忧心烦恼。

期望廉租屋的杜甫。我们的诗圣杜甫，一生穷困潦倒，仕途不顺。虽然他也算是官僚家庭出身，但是家道中落。在成都做官时一直租房住，后来才在彭州刺史高适资助下，盖了个简易的住宅:茅屋。但是他的茅屋质量很差，经常大风一吹就把屋顶的茅草吹掉了。所以他才有了《茅屋为秋风所破歌》的郁闷，也才有了"安得广厦千万间，大庇天下寒士俱欢颜!"这样的名句。他是真心期望政府能够开发廉租屋给每个有需要的老百姓住。

奋斗买房的苏轼和苏辙。北宋的首都是河南的开封,帝都的房价非常高，如同现在的北上广深。开封城人多房缺，所以当时很多名人都买不起房子。苏东坡的儿子在开封结婚，没有新房，苏东坡非常着急。因为自己买不起房子，最后还是借朋友的房子办的喜事。苏东坡的弟弟苏辙，一直到七十岁才买上房子，还是在远郊，就是开封边上许昌买的。他曾经作诗："我老未有宅，诸子以为言"。意思是我到老了都没有房子，后来决心盖房，最后花了所有积蓄，终于完成心愿。

房地产的笑话

买不起房的楼主。看到别人买房了，每次想到自己买不起房子、当不成房主的时候，心中就会涌出无限的感伤。这时候我会上网四处发一些没有内容的帖子，下面就会有人问我：楼主你干什么呀？其实我什么都不想干，我就是想让你们叫我楼主。

反对房价下跌的木条。影响房价的一个因素是建筑成本；建筑成本中的一项是原材料价格，而木条就是一种重要原材料。一根木条40年前3美分，一年前3美元，现在5美元。你说房价要崩，请你去问问木条，它会答应吗？你让木条情何以堪？它的人生价值如何实现？

买卖通吃的房产经纪人。2020年下半年和2021年房价飞涨。房产经纪人只有在客人的买房和卖房中才能赚取佣金，所以往往不遗余力的劝人买房和卖房。"叮铃铃"，电话响了。接起电话，是地产经纪打来："大哥您要不要抓紧时间买房啊？现在房价正在飙升，一周一个价。您再不买的话，可就没有这个价了，过了这村没这个店！"我告诉他已经买了。他顿了顿，说："大哥那您要不要卖房啊？现在房价不错，已经在历史高位，再不卖可就没有这个价了，我怕您会追悔莫及！"

为什么有钱就要买房，不要租房？你把钱存到银行，你不买房，你的钱就会被银行借给别人来买房。最后你租着别人用你的钱买来的房，还收着你的房租，用着你交房租的钱来还房贷。还靠着这套用你的钱买来的房子，成功吸引了你眼中的女神，然后结婚还邀请你去，还要你掏红包祝福！（看完后，就问你要不要赶紧买房？）

主动收入和被动收入。一个人为了增加收入，努力去创业。需要资金，他就把价值三十万的房子卖了，租房子辛苦创业。十年后终于成功了，靠主动收入赚到500多万。这笔钱挺多的，刚好够买他原来卖掉的房子。

出国赚钱，回来买房。一个北京人，1984年为了圆出国梦，卖了鼓楼大街一个四合院的房子，凑了40万，背井离乡到意大利打工。风餐雨宿，大雨送外卖，夜半学外语，在贫民区被抢7次被打3次等等。辛苦节俭，如今已两鬓苍苍，30年了，终于攒下200万欧元，打算回国养老！一回北京，发现当年卖掉的四合院现中介挂牌8000万，瞬间泪奔。

月薪三千，一年就在北京买数百万房产的故事。一个朋友叫小刘，在一家私人公司上班，月薪三千元，公司有安排食宿。所以一个月能存2500左右，上班都走路，因为宿舍离公司不远，且走路还能运动，一个月电话费20-30元的安排，平时不买衣服，不买鞋子，也不抽烟，不喝酒，有聚会的话那也是别人请的，所以他不需要花什么钱，交通费用，偶尔出门要坐公交。省吃俭用的，辛辛苦苦存了一年，存够了3万，然后加上他老爸给他的297万，终于买了价值三百万的房子了。(这故事励志吗？我们一起加油！)

房市和股市的互相鄙视。房产交易中心里，一拨人卖掉了房，准备进股市抄底。另一拨人，刚从股市中套现，准备去囤房子。两队人马擦身而过，互相很鄙视地看了一眼，心底都默念着一个词：傻B。

包小三没花钱，还赚一笔。老王作房地产有些年头了，发了笔小财。常言道：饱暖思淫欲。三年前勾搭上一个叫苍井空的妹子。妹子赚钱不多，付房租很吃力；老王就偷偷花30万买了个小房子，免费给妹子住，金屋藏娇。

没想到三年过去，苍井空联系上了旧情人小仓豆，私奔了。人去楼空的老王很窝火，只好偷偷把房子卖了。所幸过去三年房价疯涨，这房子现价60万，**整整翻了一番。**

老王自以为这件事做得机密，神不知鬼不觉。但是纸终究包不住火，老婆发现了。这天刚回家，就被老婆一声河东狮吼：好你个王老五，胆大包天，私买房屋包小三！老王看事情败漏，只好老实交代，苦苦求饶："奴才承认错误，的确是私自买房。但这房产证上是咱俩的名字。的确是包小三了，但奴才深刻体会到小三不如大奶，野花不如家花。这三年我白包了三年，但咱们也没亏啥啊。不光不亏，还大赚特赚呢。这不，房价已经翻倍，小赚30万美刀。这些都是实话，绝不敢撒谎。"

话音未落，老王脸上已经挨了一个大耳光，伴随着狮子吼："胆小怕事的家伙！你为什么没有多包养几个？！"

连牛都怕的房地产专家。房地产门槛低，房地产经纪自然满大街都是，甚至比市场上的房子还多。有的所谓房地产专家的确嘴巴厉害，各种房市预测，动态汇报，抢房热潮，添油加醋；不光把人，把公牛母牛也都吓的屁滚尿流，落荒而逃。

先是公牛在奔跑，见到一母牛在路边吃草，急切的对母牛说："快跑，专家来了。" 母牛问："专家来了怕啥？"公牛说："现在专家专吹牛逼啊"。母牛闻听大惊，撒欢子就跑，边跑边问公牛："专家吹牛逼，你是公牛你怕啥？" 公牛说："你真不知道啊，现在的专家除了吹牛逼还会扯蛋！"

房地产的牛人

还是买房资产积累快。房产论坛上频频发帖的老李，1997年来美，8年抗战读完博士，2005年工作。从2008至2018年十一年间，只要有钱就买房。现在几套房子的房产总值600万多。房产上净资产400万多点，加上其他资产包括股票储蓄。总净资产大概600万的样子。股票储蓄都是辛辛苦苦工作挣来的，但是房产的增值却占大头，而且是"不劳而获"。

7年时间个人资产翻**10**倍，从**50**万到**500**万。这是文学城上的一个真实地主牛人，乐于分享经验。他自称在2014年11月份时，家庭所有净资产只有50万。2014年11月中旬是买第一个投资房的时间，到现在不到7年。现在净资产500万，一共42个房子，房子总值一千万。他投资其实很晚，并没有占据最好的天时，启动资金也非常有限，工资并不高。但他靠投资房，在6年半的时间里实现了财富增长10倍。他的下一个目标是一千万。

是**hundreds**，不是**hundred**。文学城网站的老张想买房，昨天看到有个房子上市，八卦心理作怪，顺手就上网把房主查了一下，毕竟美国的信息透明，很容易查到。没想到政府网站上显示，该房主拥有的房子很多，需要4个网页才能显示完，估计总数目就算不到100个房子，也差不多了。

压了压惊，老张接着去看房。从经纪人那里拿到房门密码去看房时，看到隔壁的房子一个30多岁的白人大哥在装修。老张问，你是装修工人吗？白大哥说不是，是他自己的房子。

老张又问，隔壁的房子你了解吗？白大哥说知道，隔壁那个房主有很多房子。接着说他自己家更多，从爷爷那一辈就开始大量买房子，应该有hundred。

老张上车后给经纪人打电话，说我遇到了隔壁的屋主，说他有hundred房子。

经纪人听老张说完，哈哈一笑，说认识他们一家。不过他们家的房子可不是hundred，是hundreds，应该close to a thousand（差不多有一千套房子）。

房地产界的名言警句

从事房地产的牛人很多，他们根据自己的经验，经常会说出一些有借鉴意义的名言警句。这些名言警句，有的听起来很有趣，有的很有哲理，有的很惊人；但共同点就是，都值得我们好好琢磨吸收。下面就摘录几个，并略加解释，方便理解：

"可买可不买，买；可卖可不卖，不卖。房价长期是螺旋式上涨的，而且涨幅经常很可观。所以手里的房子，能持有就持有，不要轻易卖掉。对于投资房，只要合适，就尽量去买。李嘉诚不是也说过吗？房地产就是等待的行业，谁等得起，谁就是赢家。

"方向远比努力重要"。这句话的意思是，形势一直在变化；任何时候都有投资的"风口"和热点。如果站在风口，连猪都会飞；能抓住热点，就能借力打力。任何时候都有赚钱的机会，关键是抓准方向。方向对了，事半功倍，躺着都能数钱。反之，方向错了，就事半功倍，再努力也不见得有理想结果。

"今天看不上，明天买不起"。 特指房价快速上涨，觉得不值那个价钱的房子，很快就会价格涨到买不起了。比如硅谷湾区的房价，抢房的季节，经常一周一个价，几个月过去就是天壤之别。

"今年不买房，三年又白忙"。这个和上句有异曲同工之妙，描绘的场景是高房价，而且涨得快。今年看中的房子，如果没买，想再攒点钱再买；结果一年的房价涨幅或许就超过数年的工资总和。

"房地产产业像大海，有人打渔为生，有人捉虾为生，甚至有人卖鱼饵为生；最可惜的就是有人在海边转了一圈说这里赚不到钱，就走了。" 房地产规模很大，养活无数人就业：房产经纪，投资人，银行，贷款经纪，保险经纪，维修，租户管理等等。只要用心，都可以谋生赚钱。但是可惜的是，另外一些人就抓不住机会；如果一知半解又不努力学习，或者有偏见，就会错过机会。

"买投资房，如果不以现金流为目的，就是耍流氓。" 购买投资房虽然回报有很多种，但是最好有现金流。没有现金流的投资，就会有风险。这一点书里有讨论，就不展开了。

"投资房是窑姐，不是女儿；窑姐就是让她来赚钱的，女儿才需要找个好女婿。" 这句有点深奥，说的是对待投资房的态度。一套投资房，目的只有一个：出租赚钱。所以很多方面就不要太情感。比如装修，并没必要非要装修的多好，只要有利于出租，回报合适就可以。换句话说，管理出租房，就是经营一个生意，别放太多感情在里面。比如该涨租就涨租，该驱逐就驱逐。

"银行的钱，能不换就不还。" 很多人不喜欢负债，所以只要有余钱，就还房贷。这样做从投资回报的角度很不明智。一是通货膨胀很高，高过房贷利率，所以不还贷款，已经是赚了。更重要的是，这笔资金应该去继续投资，也就是利用贷款杠杆来获取更大回报。"用别人的钱来赚钱才是最高境界。"这句话也是这个道理。

"今天的债务，就是明天的资产。" 借来的钱去投资，就会赚来更多的钱。尤其是投资房的房贷，如果以租养贷，那么若干年后，那些负债就真的成为你的资产了（Equity）。

"每个买到房子的人，都是站岗的。每个买房人，心里意难平的都是"站岗"，就是买贵了。其实在买房时，买家如果收到多个Offer，一般就会选Offer最高的那个买家。在买到的那一刻，这个买家肯定是比别人出价更高的，是"站岗"的。

"贷款年限越长越好；如果有一百年贷款，我马上申请。房贷的期限有5年、10年、15年、30年等。一般最高就是30年。投资房地产，最大的限制因素往往是贷款能力，就是银行从你收入支出的角度，来决定是否审批新的贷款给你。从投资规模扩大的考虑，最好是贷30年，因为这样每月的还款额最少，可以最大限度地提高贷款能力。当然，一百年的贷款，月还款额肯定就更低了。

财务自由之后：个人价值的追求

这本书是我，一个普通华人的追梦实践、思考和分享。

智商、情商和财商

我认为人的一生，"三商"很重要：智商、情商和财商。

智商，能够帮我们找到赖以谋生的工作。情商，让我们能够体会自然、人文和人与人之间情谊之美。而财商，则能帮我们构筑一定的经济基础，积累财富，甚至实现财务自由。但所有这些，是为了更高层次的目标：人生价值的实现。

人生一世，草木一秋；谋生自然是我们的第一需要，但也需要考虑自己的人生价值。因为有生计的压力，大家才去追求财务自由。财富能会给你基本的自由和安全感，让你有条件去追求幸福的人生，但是并不能直接给你人生的价值。

马斯洛的需求层次理论你或许也知道。根据他的理论，人的需求是分层次的，大体上分为五个层次：生理需求，安全需求，爱和归属的需求，尊严的需求，自我实现。

财务自由的状态，大体上能够实现从底层开始的前两个层次：生理需求和安全需求。上面的三个层次，就需要我们继续去探索和追求了。

财务自由后的新目标

通过购买投资房实现的财务自由，不应该成为我们奋斗的终点，而应该是人生新征途的起点。套句流行的话来阐释这个道理。人生不止眼前投资房的苟且，还有诗和远方的田野。

什么是"诗和远方的田野"？你可以狭义地理解成琴棋书画、诗词文史这样的文学和艺术雅好。这些方面每一个都博大精深，足令人陶醉于斯。就像白居易所说的："闲征雅令穷经史，醉听清吟胜管弦"。交几个高山流水的知音，可以一起闻弦歌而知雅意。花间月下，一醉一陶然的日子会很惬意。

这样的境界，已经是把自己的人生提升到了第三个层次：爱和归属的层次。倘若略有心得和建树，达到"莫愁前路无知己，天下谁人不识君"的程度，就可以进入第四个层次：尊严的需求，实现了一定的自我人生价值。

我更欣赏对"诗和远方的田野"的广义理解。"诗"可以泛指大自然与生俱来和人类创造的知识。对这些知识越多了解和品味，就能越发感受自然和人文的美。而"远方的田野"，则是泛指行动，去践行，去开创。

"诗"是静态的概念，而"远方的田野"是动态的概念，这二者应该互相呼应和配合。这二者也可以对应"知"和"行"，正如王阳明先生反复强调的"知行合一"，也是殊途同归的叮嘱。知而不行，或者行而不知，都不是理想的境界。

跨越财务自由的阶段，去追寻"诗和远方的田野"的过程，也就是追求人生价值的过程。先贤们敦敦教导我们去"读万卷书，行万里路"，不就是让我们去"知"和"行"吗？

对知和行的理解，还可以再上一个层次：获取和回馈的角度。"知"，本质上是一种获取。我们获取知识来充实自己的精神世界，获取物质财富来实现财务自由，二者其实是对自然和社会的种种索取。

而"行"，则本质上是一种回馈。获取的知识，只有去应用才有意义；获取的财富，也应该成为坚实的基石，资助我们去回馈社会。任何事物的价值，都体现在于有用性；一个人的自我人生价值，也在于为社会和他人做贡献。回馈社会，才能实现人生的价值。

不忘初心，且行且珍惜

大千世界，芸芸众生，我们每个人的品性和目标自然是千差万别。你的人生价值是什么，如何追求，就需要你自己去定义。在这个层次，本书能起的作用很有限，仅仅限于提醒和提示而已，远远称不上指引。不过，能起到这样的作用，作为作者的我就非常欣慰了。因为仅凭这一点，就让我感到有了一点人生价值。

最后我想说，财务自由的奋斗也好，人生价值的追求也罢，就是一场远足旅行，别太在意能走多远。"花有重开日，人无再少年"，走过的路，没必要后悔，因为根本没有回头路可走。"青山遮不住，毕竟东流去"，我们要永远往前看。

这场旅行的结果其实不重要，重要的是经历风雨起落后，还有心情欣赏风景。

无论你我年龄多大，我们都曾经是少年，都有过少年的初心。每个人的初心当然也不一样，但毫无疑问的是，都是最真诚和美好的。我们用苏轼的一首《定风波》来收尾吧；不忘初心，且行且珍惜，一路珍重！

莫听穿林打叶声，
何妨吟啸且徐行。
竹杖芒鞋轻胜马，
谁怕？
 一蓑烟雨任平生。

料峭春风吹酒醒，
微冷，
山头斜照却相迎。
回首向来萧瑟处，
归去，
也无风雨也无晴。